新引爆点

抖音运营从0到1实战指南

头条易 著

台海出版社

图书在版编目（CIP）数据

新引爆点：抖音运营从 0 到 1 实战指南 / 头条易著 .
-- 北京：台海出版社，2018.12

ISBN 978-7-5168-2186-2

Ⅰ.①新… Ⅱ.①头… Ⅲ.①网络营销—指南
Ⅳ.① F713.365.2-62

中国版本图书馆 CIP 数据核字（2018）第 268979 号

新引爆点：抖音运营从 0 到 1 实战指南

著　　者：头条易

责任编辑：武　波　童媛媛
装帧设计：仙　境　　　　　版式设计：博采雅集
责任印制：蔡　旭

出版发行：台海出版社
地　址：北京市朝阳区劲松南路 1 号　　邮政编码：100021
电　话：010-64041652（发行、邮购）
传　真：010-84045799（总编室）
网　址：www.taimeng.org.cn/thcbs/default.htm
E-mail：thcbs@126.com

经　销：全国各地新华书店
印　刷：大厂回族自治县德诚印务有限公司
本书如有破损、缺页、装订错误，请与本社联系调换

开　本：710mm × 1000 mm　　1/16
字　数：200 千字　　印　张：16.5
版　次：2019 年 2 月第 1 版　　印　次：2019 年 2 月第 1 次印刷
书　号：ISBN 978-7-5168-2186-2

定　价：49.80 元

NEXT

抖音 记录美好生活

contents 目录

@支付宝

#快来猜猜我是谁 每天听到最爽的声音居然长这样！对，是我收款到账本人了！@晴晴mei

@宝骏汽车

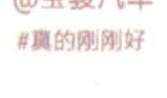

@周海媚

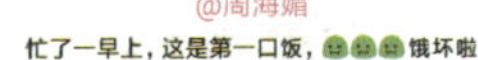

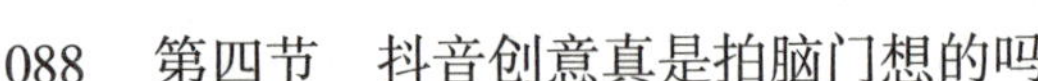

第四章　精准吸粉：抖音用户运营全攻略

第五章　藏在数据后面的抖音运营法则

第六章　全民抖音时代，企业如何玩转品牌营销

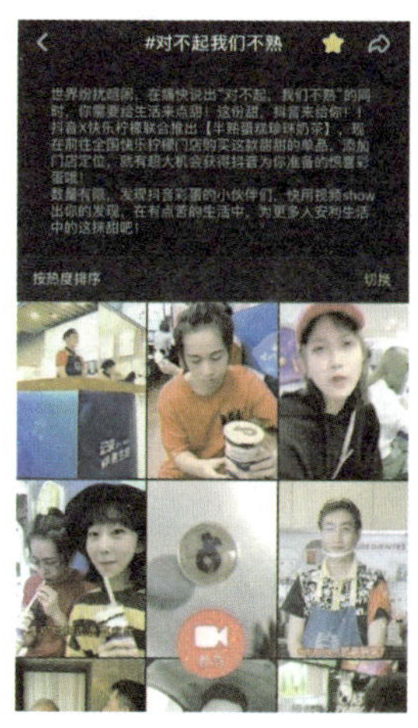

全书所有视频（二维码）需使用抖音自带“扫一扫”扫描播放。

如因平台或作者删除造成无法播放，敬请谅解！

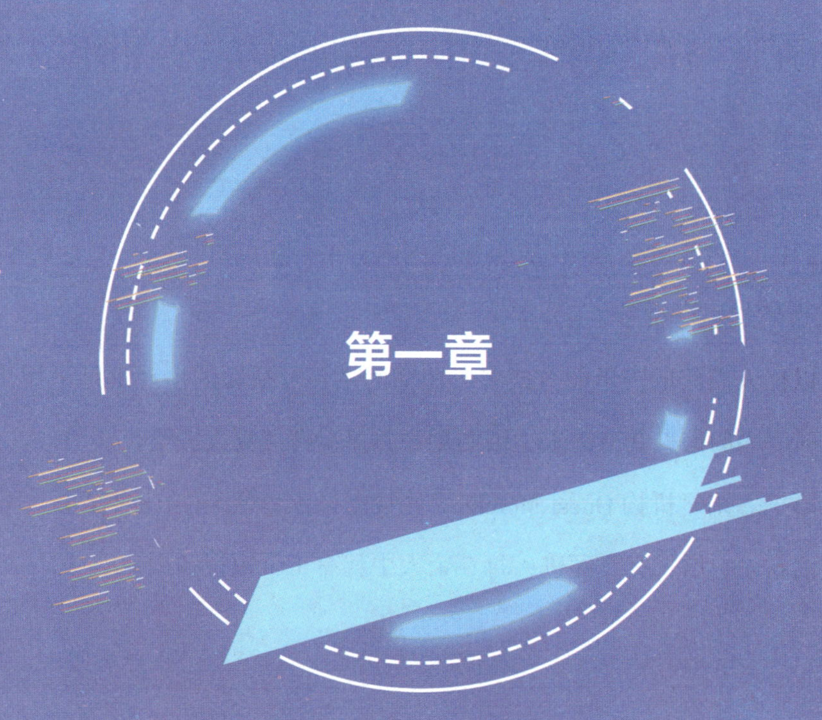

第一章

横空出世：短视频行业发展态势

第一节　短视频时代：用户流量蓝海，营销价值洼地

2017年之后，“短视频”成为互联网内容平台新风口，验证了“心有多大，舞台就有多大”。

以往人们获取资讯的方式多以图文为主，短视频的出现满足了用户碎片化时间内的信息获取需求，因而用户数量呈持续爆发式增长。

第三方调研机构 Quest Mobile 统计数据显示，截至 2018 年 6 月，短视频月活跃用户增长突飞猛进，每 3 个人中就有 1 个短视频用户。

一、行业迅猛发展，短视频用户数量暴涨

伴随快手、抖音、火山小视频等 App 的横空出世，几分钟、几十秒甚至更短的视频已经成为一种新的信息承载形式。

Quest Mobile 的数据显示，2018 年 3 月在线视频类 App 的使用时长占全部品类的比例从一年前的 10% 下降到 8.8%，而短视频从 1.5% 上升到 7.4%。在短视频中，又以快手、抖音、火山这样的以 15 秒短视频为主的 App 增长最快。

截至 2018 年 6 月，短视频月活跃用户增长突飞猛进，用户达 5.05 亿；

短视频用户总使用时长占到整个移动互联网二级细分热门行业的 8.8%，同比增长 3 倍，整体使用时长已超过综合资讯；短视频用户总使用时长为 7267 亿分钟，增长 4.7 倍，与在线视频用户使用时长旗鼓相当。

2018 年，短视频战场的厮杀进一步升级——腾讯、百度、阿里巴巴、网易、360、微博都陆续推出了自己的短视频产品。

纵观这些新玩家的进攻方向，多数选择了正面出击，对标行业领头羊。比如腾讯微视、百度 Nani、微博爱动小视频、淘宝“鹿刻”，几乎都是“致敬”抖音，试图复制字节跳动的产品成功。

二、营销价值洼地，搭建品牌与用户沟通的桥梁

2017 年 3 月 5 日晚上，中超联赛第一轮江苏苏宁和上海申花的比赛开打。

很快，头条号“中超 24 小时”发布了一段题为“特维斯策动反击，莫雷诺梅开二度”的 34 秒短视频。这个账号的运营者是体奥动力公司，已拿到中超媒体版权。

“我们希望实现的是，通过信息流，以实时短视频的方式，为用户进行一次碎片化的、按兴趣分发的、另类的体育个性化直播。”今日头条这样描述此次和体奥动力之间在中超转播上的合作。

与今日头条采用类似策略的还有微博。就在中超开赛之后的一个星期，微博宣布和 NBA 达成合作，开始播放 NBA 比赛的实时短视频。

按照微博体育高级运营总监张喆的说法，这些短视频的时长大约在 1

分钟以内，会分发给其他微博上的篮球账号。

互联网巨头纷纷抢滩短视频，原因很简单——短视频是当下最时髦的内容表现形式之一，也是这个社会越发碎片化之后诞生的新产物。

越来越快的生活节奏、手机等移动设备的不断升级、网络带宽的提速降费……这些原因导致用户的注意力发生了革命性的变化。

碎片化渗透到了文化娱乐行业的方方面面，也让短视频成了新的营销价值洼地。Quest Mobile 的数据显示，短视频用户的高黏性、高参与、高传播，搭建了品牌与用户沟通的桥梁。

1. 高用户黏性保证利用率

短视频用户平均每天观看 7.2 次，平均每次使用 33.6 分钟，日均使用时长为 83.6 分钟，用户黏性不断增强，短视频逐渐成为用户日常生活的一部分。

2. 高用户参与保证有效率

93% 的用户会点赞短视频，84.5% 的用户会参与短视频的评论，短视频用户的互动需求、参与度不断提高。

3. 高用户传播保证覆盖面

90.6% 的用户分享过短视频，达到二次甚至 N 次传播，使营销具有“乘法效应”，传播覆盖面广。

三、抖音短视频营销：移动营销的正确打开方式

要说目前移动营销的正确打开方式，非短视频莫属。

调查显示，短视频营销成为移动营销矩阵的重要组成部分，40.5% 的数字营销决策者选择了短视频平台。36.7% 的数字营销决策者将短视频加入到数字营销矩阵。

相对其他营销平台而言，53.8% 的营销人认为短视频广告更原生，48.7% 的营销人认为短视频广告互动性更强，更易被转发和扩散，46.8% 的营销人认为短视频迎合了用户碎片化时间的需求。

资深汽车营销专家李南鸿认为："短视频以更强的视听感受、更短小精炼的内容，覆盖用户大量琐碎的时间。"

知名广告人吴旭东则表示："短视频能够以其内容独特的'短小精悍'，占据用户足够的碎片时间。15 秒完整有趣地讲述一个故事或观点，是对传统广告的颠覆。"

随着用户注意力的转移，用户黏性的增加，短视频已成为移动互联网主流的内容形态。其中，抖音短视频因更具创意和视听冲击力深入人心，成为全新的大众传播工具、成熟的交流平台和品牌营销的重要阵地。

抖音的崛起抢占大量用户时间，因此大量品牌主纷纷转移了投放阵地——根据 App Growing 2018 年 5 月的数据，抖音广告投放中，游戏行业占比 34.5% 夺魁。

抖音用户和电影用户的重合度也很高。根据 MobData 发布的《2018 年电影人群研究报告》显示，电影爱好者以高学历年轻人为主，而这一批用户同样也是抖音的受众。

易观千帆发布的抖音数据显示，2018 年 2 月，抖音用户中，超一线和一二线城市用户占比高达 68.87%，其中 20 ~ 25 岁的年轻用户占比达到 46.71%。

在短视频营销中，抖音短视频已经形成了一个"良性"发展的生态闭环系统，在商业变现领域实现了“软”着陆。

如今很多汽车、时尚、美食、影视、游戏领域的品牌方都已入驻抖音平台，联合一些播主及 MCN 机构参与内容创作，以达成品牌传播、产品营销的目的。

在影视领域，《延禧攻略》《武动乾坤》《西虹市首富》《爱情公寓》等都在抖音建立了官方账号；在手游领域，除了《王者荣耀》《荒野行动》等头部手游，《剑侠世界 2》《逆水寒》等新游戏也在积极占领抖音这一流量高地。

另一方面，包括魔力 TV、摩卡视频、贝壳视频等 MCN 机构已纷纷入驻抖音，它们铺设的账号及原创 IP 数以百计；甚至连一条、二更等早期以 PGC 为主的微信短视频平台也都开始布局抖音。

此外，抖音还通过提供外链淘宝购物车、上线自有店铺入口，开通关注直播、热门直播，孵化网红达人等一系列动作开始布局内容电商。

▲ 抖音更新 slogan，升级品牌理念

抖音相关负责人曾表示，当前平台的移动营销还处于初期阶段，有足够的成长空间。以影视项目的营销宣发为例，如何判断达人粉丝与片方想要锁定的用户是否一致，怎么设计传播路径，才能把明星和达人的宣传效果放大，重要的传播节点、互动节点怎么设计达到最佳的效果，都还有待改进。

但总体上来说，抖音短视频平台在整个移动营销中已经和微信、微博、今日头条客户端并驾齐驱，成为品牌营销不容忽视的一大阵地。

第二节　强势崛起：抖音为何如此“出众”

抖音在江湖上崛起已久，但真正震撼到市场始于 2018 年 5 月。彼时，第三方市场数据机构 Sensor Tower 披露，2018 年第一季度，抖音海外版在苹果 App 商店的全球下载量达 4580 万次，超越 Facebook、Instagram、YouTube 等成为全球下载量最高的 iOS 应用。

一个月后，抖音公布其国内用户数据，日活跃用户突破 1.5 亿，月活跃用户超过 3 亿！而截至 2018 年 11 月，抖音官宣日活跃用户已突破 2 亿。跨过日活跃用户 1.5 亿的门槛，微博用了 8 年，抖音只用了 21 个月，在中国互联网历史上，这种增长速度堪称恐怖，令人震撼。

任何一款杀手级互联网产品的出现，都踩对了时代风口。微博、微信收割了移动互联网的初期红利，抖音则伴随着智能手机的高清摄像头、高画质屏幕的普及强势来袭。翻看苹果、小米、oppo、vivo 的新机主打卖点，就知道硬件厂商们已经为短视频平台的出现铺好了路。

但硬件市场的成熟只是抖音成功的大势，小咖秀等一批短视频 App 一样踩到了风口，却没能飞起来。抖音从 0 到 1，进化成今天的全民 App，这中间发生了什么？抖音独特的魔力又来自哪里？

一、抖音与其他短视频应用的全方位对比

（一）差异化定位：音乐短视频

抖音上线两年来，产品大小更新数十次，回望来路就会发现，抖音的产品定位、打法、迭代节奏都是教科书级别。

2016 年 9 月份刚上线时，抖音还只是一款看起来很普通的拍摄软件，放置在苹果商店的“摄影与录像”类别中，没有一炮而红，一切平淡如常，但种子已经种下。

抖音将自己定位成“年轻人的音乐短视频社区”，从 15 秒音乐短视频切入，与当时其他几款短视频“快手”“美拍”“小咖秀”“秒拍”形成产品定位、用户画像的明显差异，切口很准。

基于音乐短视频的定位，配乐是抖音最具特色的内容逻辑，用户可以选择一段节奏感强烈的 BGM，通过舞蹈和剪辑形成自己的作品。每个人都可以利用镜头切换、分段暂停等拍摄手法，使用不同角度、场景变换等拍摄技巧，创作出炫酷的短视频。同时，用户拍摄时长被严格控制在 15 秒内，保证了 UGC 视频内容的高浓缩度和较高质量。

（二）苦练内功：让每个人都有 15 秒闪光时刻

从头条指数可以看到，上线半年内，抖音一直很“低调”，商业推广处于静默期。产品更新记录显示，这段时间抖音更专注于打磨自身的“工

具属性”，版本更新大多是在提升画质和音质，增加特效、滤镜，优化产品拍摄体验。

半年时间，抖音的视频加载和播放更流畅、更高清，用户浏览体验开始和同类短视频产品拉开身位。在工具上，平台配备的音乐、道具和拍摄风格的选择，已经可以让一个素人能够在不懂拍摄的状况下制作一条还不错的短视频。

产品的持续打磨，极大降低了用户的表达成本，增加了内容趣味，使视频拍摄、分享更简单、有趣，为后续的内容运营和爆发奠定了基础。

2016 年 12 月份的版本迭代中，A.me 正式更名为“抖音短视频”，以此为标志，基本完成产品“公测”，开始发力内容运营。

（三）强运营主导：算法、挑战赛、滤镜等

相比竞品“快手”对内容生态的无为而治，抖音的快速崛起离不开背后的强运营主导，以至于第一批种子用户都需要精心挑选。

抖音深入到全国各地艺术院校，找到一批高颜值、能歌善舞的年轻人作为种子用户，为平台生产优质内容。这批种子用户及他们的追随者直接影响了平台上的社区调性，抖音内容生态中最大的几个流派，跳舞、唱歌、硬核技术流的基调就是在这一阶段奠定的。

抖音非常重视达人（种子级用户）的培养和维护，不仅自己直接签约一批达人，还不断扩展和各个直播公会、MCN 的合作。究其原因，是抖音需要依靠达人为平台生产优质的内容，借助达人为平台的用户提供标杆和内容指引。所以，达人的发掘，以及达人视频的权重，在抖音的运营中至关重要。“精选”模式就是这一运营模式下的标志性产物，获得“精选”

标签的视频将得到平台更多的流量分配和推荐。很大程度上，“精选”模式的出现提高了抖音平台上的整体内容调性，确保可以把更优秀、更符合平台价值观的视频推送给更多的用户。这就是在用户体验上，很多人会觉得抖音调性更高的核心原因。

本质上，抖音是商场，而非贸易市场。抖音内货品摆放、进入标准都有严格要求，优质的内容得到更多推荐，不合格或者不符合平台价值观的内容则自动下沉。这种强运营对内会对老用户形成价值和行为引导，鼓励、指引用户生产符合平台调性的内容；对外则会向刚下载软件的新用户展示各类优秀、精良的短视频，让新用户不断浏览、停留更长时间，以致有一天开始动手拍摄自己的视频，为平台生产 UGC 内容。

如果说“精选”是基于人工对平台流量的微调，那么更多的流量分配则完全取决于抖音的“机器学习算法”，基于对用户在平台内浏览数据的自动识别，洞察用户喜欢什么，进而决定给用户推荐什么内容更受欢迎，也就是说“算法更懂我们”。由算法决定的推荐内容的调整基本是随时随地在发生，当算法发现你对小姐姐已经视觉疲劳，会及时调整推荐内容，给你其他的内容类别。我们可以构想这样一个场景，当你看吐了小姐姐，算法会推荐给你“诗和远方”；当算法发现你对单个视频的停留时间又开始下降时，会再次更换类别，推荐给你“人生苦短”的心灵安慰。理论上，只要内容池足够深，用户就可以一直浏览下去，如此循环。这看似不可思议，但正是用户一直不停刷手机的秘密。

抖音迥异于“快手”等竞品的另一大特色则是“挑战”和“话题”的出现。“挑战”和“话题”使用户围绕众多不同的主题决定内容的素材、形式，从而诞生更多引爆者、追随者、参与者、浏览者，生产出更多基于参与、模仿、创新的视频内容。而“挑战”和“话题”这种类似PC时代专题页的形态，也在参与话题、挑战的内容、用户相互导流方面，产生了“1+1 > 2”的效果。

算法、话题、挑战、道具、特效、滤镜，诸如此类的强技术和强运营能力，基本决定了抖音平台上必然会天天有小爆款、月月出大爆款，进而奠定了抖音的核心能力——“制造流行”。

二、为什么说抖音是企业品牌必须占领的高地

2018年6月1日，抖音短视频全面开放企业入驻，抖音企业号认证平台正式上线。凡是符合认证条件的企业主，均可通过申请抖音企业号，获得官方认证标识，并使用官方身份，通过视频、图片等内容输出形式在抖音上更好地探索品牌营销。这意味着“两微一端一抖”的时代真正来临了，企业新媒体营销势在必行，企业运营抖音账号已成大势。

对于企业而言，如果错过微博时代的官方微博，错过微信时代的微信公众号，再也不能错过短视频时代的抖音企业号了。

（一）抖音是一次“对话方式”的革命

本质上，用户自我表达和对话的需求一直是强烈存在的，如果没有涌现出来，那只是因为缺乏容易上手的“工具”。为什么作家很少、画家不多、音乐家也稀缺，而摄影家、摄影爱好者却蜂拥成群？核心在于，只有当用户掌握一项“工具”的门槛足够低时，这种自我表达的冲动才会潮水一般

涌出。

摄影爱好者在中国大批出现的节点，就是相机技术革命发生的节点，从胶片到数码，操作门槛一下降到小白的地步，这是导致摄影人大批出现的直接原因。

微信时代朋友圈模式的成功，就是借力智能手机的普及，通过手机镜头拍照、第三方软件傻瓜式添加滤镜，让一个不懂摄影的普通人也可以在朋友圈表达自我、表现自我。最直接的体现就是一批批“朋友圈秀场”的出现，吃饭前要先拍照分享、睡觉要拍、生病要拍，秀娃、秀家、秀生活。

相比微博、微信，抖音则提供给用户更低的表达门槛，更多的“工具包”，更强烈的内容冲击。本质上，这是一次对全民媒介习惯的再教育，伴随用户教育的完成，用户的自我表达、对话方式、信息接收方式，都会发生革命性的变化。简而言之，媒介塑造人，从文字到图片再到短视频，品牌需要尽快适应这种对话方式的革命性变化。

（二）抖音基本覆盖主流消费人群

抖音之所以源源不断地吸引了大批品牌主，跟抖音的用户群体有直接关系。抖音平台 2018 年 6 月公布的数据显示，抖音主力用户群体，已经从早期的 18 ~ 24 岁，上升到了 24 ~ 30 岁用户，该年龄段用户占比已经超过 40%，本科及以上学历占 60%，主要覆盖一二线城市，并辐射三四线城市。

简而言之，谁能抓住主流用户，谁就拥有未来。而抖音在 2016 年上线之初，就把自己定位于“年轻人的音乐短视频社区”，所有的运营和产品逻辑都致力于吸引更多崇尚自我个性和表达的年轻人。一个品牌如果在日活跃用户 2 亿的抖音没有存在感，也就主动放弃了和年轻消费者对话的机会，这种损失是致命的。

（三）抖音处于流量红利期

抖音日活跃用户在 2018 年上半年增长近 4 倍，截至 2018 年 11 月已突破 2 亿。按照目前的增长曲线和产品周期，这种快速增长仍将持续相当长的一段时间。入驻其中的品牌无疑将分享到这波流量红利，这也是同样品牌在不同平台的流量、粉丝量差别巨大的原因。

对于在微博、微信时代并未确立先发优势、声量优势的品牌来说，抖

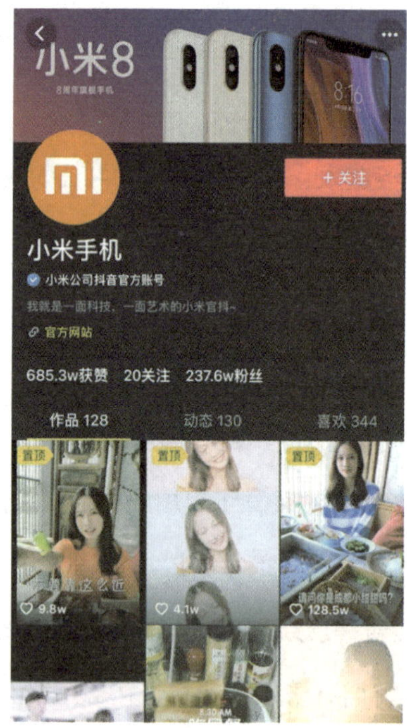

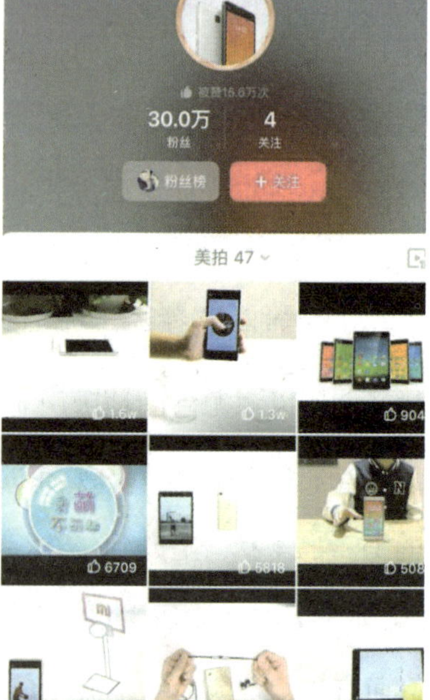

▲ 小米手机在抖音的粉丝量为 237.6 万，美拍粉丝量为 30 万（数据截至 2018 年 10 月）

音的流量红利无疑是一次弯道超车的机会。对于拥有一定声量的品牌来讲，如何在“新大陆”延续强势地位，无疑是一次考验。毕竟，用户“国民总时间”是恒定的，抖音突飞猛进，就代表用户投入到其他产品的时间会越来越少。

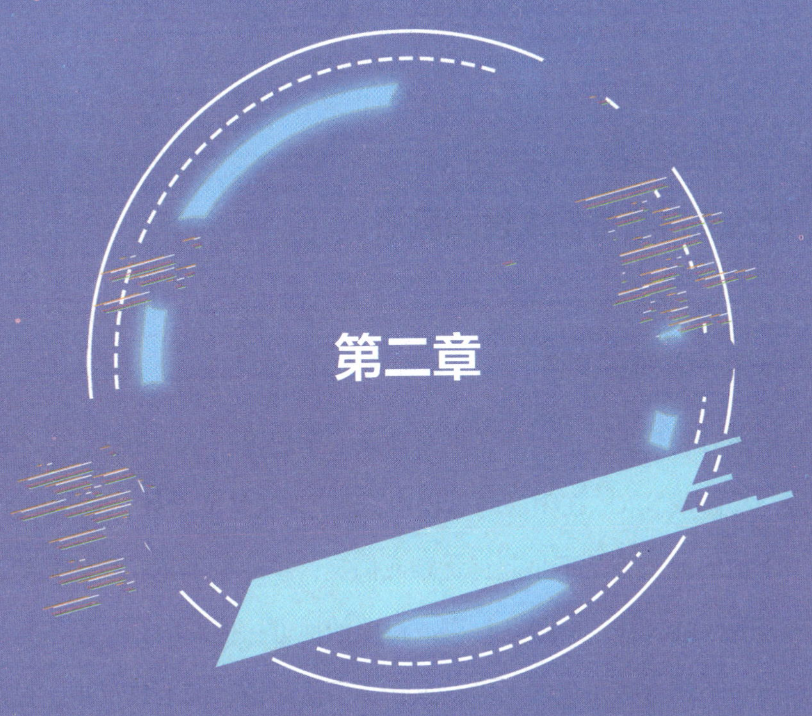

第二章

当品牌遇上抖音：账号基础规划

第一节　把企业抖音号当“人”看

一、什么是抖音号的人设和风格

（一）人设知多少

我们平时聊到人设时，更多的是谈及一个影视作品的角色、一个动漫人物或一个游戏NPC。在闲谈的过程中，除了外貌特征之外，我们还会“八卦”一下他们的名字是不是起得优雅或搞笑；年龄是不是和我们同龄；性格是否符合年龄特征、有哪些讨喜或讨厌的地方；他们的背景是不是足够引人遐想……而这些角色的人设，也在每一次讨论、网上热议中，更加深入人心，且得到了更广泛的传播。

其实以上的种种——姓名、年龄、性格和成就此人物的生活背景等相关资料，合在一起，构成了“人设”这样一个概念。

在现实生活中，我们每个人都有自己的“品牌”，我们长相如何、为人如何、做事如何、家庭背景如何、感情生活如何，都会影响我们的“品牌”价值。

但现实生活中，那些“品牌”价值高的人，不一定都能成为抖音上的红人。这是因为抖音号的人设和风格有自己的一套规则。

抖音最核心的属性是竖屏虚拟社交。那么对于一个抖音号来讲，他的人设很大程度上就取决于：他面对镜头时，所展现出的“与生俱来”的能引发观众互动的性格特征。在孵化抖音达人时，MCN 机构考虑的首要因素，即是他这一特征，这决定了他是否适合抖音平台，能否获得更多抖音受众的喜爱。

▲ “七舅脑爷”人设——抖音上最暖的男朋友

▲ “代古拉 k”人设——不是跳舞最好的美女，而是笑容最甜美的宅男萝莉女神

在抖音上打造受欢迎的人设，除了“好看的皮囊”之外，“有趣的灵魂”也是个不错的选择。

有人可能会说，我们是要运营企业抖音号，这些抖音达人的号又有哪些参考价值呢？企业不是一个具体的人，它的人设又包括哪些因素呢？

诚然，企业不像达人那样，直接能以人的姿态通过镜头语言和受众产生互动。但我们可以从上述图片中，了解到一个事实，那就是：

▲ “牛丁的早晨”人设——操着东北口音、每天变换一个“物种”或身份的百变达人

抖音号的人设，不是只存在于运营者脑海里的想象，而是要实实在在通过账号的内容准确传达给受众。从抖音号的头像、账号简介，到每一条视频内容本身、在账号主页上展示的视频封面，再到对评论的回复语……这些一起构成了账号的人设。总之，人设需要整体规划和持续贯彻。

如果说孵化一个达人是为了在未来实现大量、多渠道的商业化，为MCN机构带来商业利润的话，那么运营企业抖音号的目的就很多样化了。这也是很多企业开通并认证了不止一个抖音号的原因。

可见，企业抖音号同样具有“人设”，关键在于我们是否把企业抖音号当“人”看，是否着力去把不同企业抖音号的内容规划做区别对待。

▲“小米手机”企业抖音号人设，和账号简介高度匹配

▲“小米商城”企业抖音号，与“小米手机”比起来，少了一分趣味，多了一分实用

有的企业按照不同的业务模块，打造了相对应的不同抖音号，比如上述例子中的“小米”；有的企业则根据自身不同目的划分了不同的企业抖音号内容，比如直接宣传产品的带货类抖音号，通过展现企业文化来感染受众的文化类抖音号，专门发布企业活动的信息类抖音号，隐姓埋名用原生 UGC 类视频吸粉的原生类抖音号，等等。

人设设定得成功与否，是企业抖音号是否能实现企业不同目的的决定性因素。换言之，企业投了很多人力、财力、物力，下决心去打造抖音阵地之后，人设是决定这些投入能否得到回报的关键因素。

（二）人设与风格

很多人容易把“人设”和“风格”两个概念混淆。在此简单地做一下区分：

“人设”是一个抖音号整体运营的系统概念，而“风格”则是每一个视频所采用的不同拍摄手法所营造出的不同内容风格。“风格”是基于视频内容而言，“人设”则是基于整个账号运营体系而言，所以“风格”是“人设”的其中一个组成部分。“风格”总体上服务于“人设”。

同一个企业抖音号，它的人设要长期维持一致性，以便“固粉”和打造账号的品牌效应，而风格则可以围绕人设做万千种变化。这样一方面是避免粉丝审美疲劳，另一方面也是为了让视频有机会推荐给更多的受众群体。

@小米商城

#慢动作 好像回到了半年前的抖音！还记得这首“重庆盖浇饭”吗？记得的回复✨，...

@小米商城

#慢动作 2万加6万等于8万！8万减5万等于3万。所以3万乘以4万等于多少？他们...

▲ 用抖音扫码即可播放视频

上面两个视频例子，来自于同一个企业抖音号“小米商城”。该抖音号首先发布了一则纯展示功能类的视频，而后续立马更新了一个该功能如何使用的教学类视频。这两个视频，风格不同而又相互照应，覆盖到了不同的人群，起到了不错的流量效果，值得借鉴。

二、如何打造企业抖音号的人设和风格

（一）人设打造——把系统工程化繁为简

打造企业抖音号的人设是一个系统工程。复杂在于要考虑的因素众多，很难兼顾和取舍。相信很多运营者都是这样：一想到要从零开始运营一个企业抖音号，脑子里顿时成了一锅粥，不知该如何下手。

在这里必须给广大运营者们提出一个忠告：在确定账号的人设规划之前，切忌盲目运营账号！

在学习人设打造之前，我们先了解一下人脑处理信息的方式。

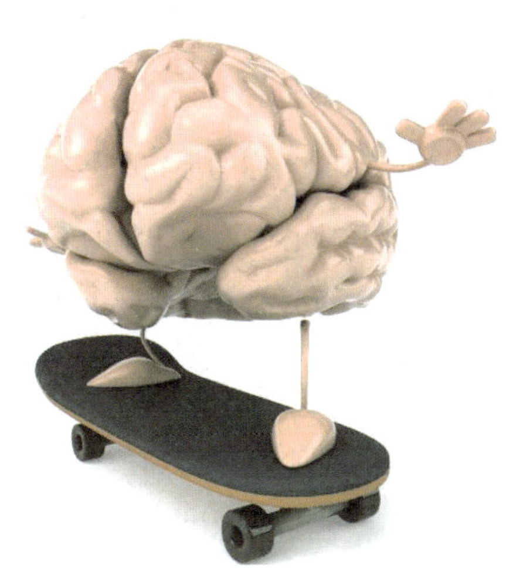

▲ 大脑有两个不同的功能区

大脑在处理信息时，会用到两个不同的功能区：

第一个功能区生成“直觉”，即当我们接触到的信息非常简单，通过直觉就可以决策时，第一个功能区就会发挥主导作用，因为这样既节

省体力，形成决策的速度又非常快。

但这个功能区非常懒，当它遇到稍微复杂的信息时就“罢工”了，这时第二个功能区就出场了，它做决策是一个相对缓慢的过程，需要去做更多的理性分析，生成较为全面的思考和判断结论。

我们平时刷抖音，用到的是哪一个功能区呢？显然，人都有惰性，更何况是在碎片化的时间里，抱着轻松一下的目的打开了抖音，我们是不愿意花大量脑力去动用第二个功能区的。我们不想浪费精力到“这个抖音号到底是什么类型的，它是否会持续生产我喜欢和需要的内容”这类问题上。

所以，我们在做企业抖音号的人设时，不必一上来就把自己弄得“头大”，而是可以化繁为简，把账号的人设做成平台受众不用调用大脑第二个功能区、凭直觉就可以爱上的人设：

1. 账号简介——简练、直白地体现鲜明个性

那些点进账号主页看的受众，多半都是被某一个视频吸引进来的。他们进来的目的只有一个：看看这个账号是不是我喜欢的类型，值不值得我去关注。这时，你的那句账号简介，就像面试或相亲时的自我介绍一样，起着营造受众心中第一印象的至关重要的作用。

没有人喜欢听冗长、天花乱坠的自我介绍，而抖音受众更是没有这样的耐心。他们只想第一时间了解你的账号，看和自己是否能“配对成功”。

所以，如下这些简练、直白、能让受众在最短阅读时间内了解账号个性的简介，就非常有优势了。

▲ “支付宝”企业抖音号的简介，用和受众互动的口吻，既“套了近乎”，又展现了账号平易近人、贴身服务的人设

▲ adidasneo 的企业抖音号简介，运用“据说体”句式加上简单的四个字——“生来好动”，既凸显了品牌本身的运动属性，又引发了所有爱运动受众的共鸣，自然聚集了大量忠粉

◀ 郑州答案茶饮品总部官方抖音号，用网络流行的“万里挑一”句式，巧妙点出了自身的人设——独特。而抖音受众恰恰喜欢独特的事物

2. 视频封面——展现人设统一性和可信度

那些点进抖音号主页的受众，他们的视线很难不被下方的视频封面所吸引。这个区域就像一个人的脸庞，长得好看与否、五官搭配是否协调、有无瑕疵，都将影响别人对他的评价。没办法，这就是个看脸的世界！

一个企业抖音号的主页，如果视频封面内容看上去非常统一，充满了视觉张力，那么受众将对抖音号的人设更加信任，增加其期待感，从而更

▲ 卫龙辣条官抖主页的视频封面，选取的基本都是视频中有真人出镜的画面，让受众直观感受到了账号活泼、情景剧的人设，增强了抖音号的 IP 感

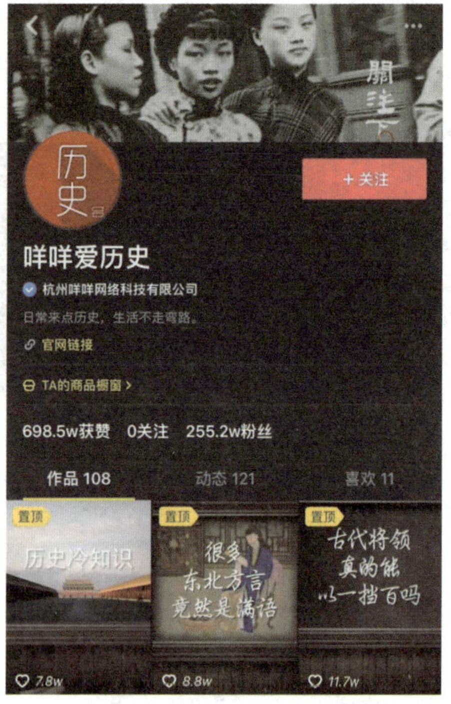

▲ 我们除了可以在发布视频前设置视频封面外，通过官方认证的企业抖音号，还可以把以前发布的最能体现人设属性的视频置顶（最多置顶 3 个），让受众能够直击抖音号的“人设脸庞”

愿意关注账号。

3. 视频内容——切忌一味追热点

作为企业抖音号的运营者，心中一定要时刻绷着一根弦：我即将制作的新视频内容符合账号的人设吗?

有些企业急功近利，一味跟风追热点，导致账号内容调性极不统一，账号人设让平台和受众捉摸不定。其实这样的做法等于舍本逐末，很难沉淀精准的粉丝。切记！优质内容≠爆款内容，品牌不应单纯追求爆款，而是应力求稳定产出符合人设的优质内容。

符合人设永远都是账号视频内容制作的最基本原则。在这个基础上，才能去谈风格和创意等其他元素。

4. 互动行为——不同互动类型不同互动方式

抖音账号和受众的互动行为，包括四个方面：评论互动、私信互动、视频内容互动、直播互动。

和平时产出的视频内容一样，所有的互动过程，也都要符合账号的人设，否则会让受众感到错愕，甚至放弃关注。

（1）评论互动。

回复受众评论，是彰显账号人设的重要一环。如果还能成为热评，那么对视频的传播效果则有强大的增强效应。

评论互动最重要的就是“说人话”，就像平时聊天一样，多用口语化语言，如果再能有一些幽默感，加上一些活泼的表情就更好了。

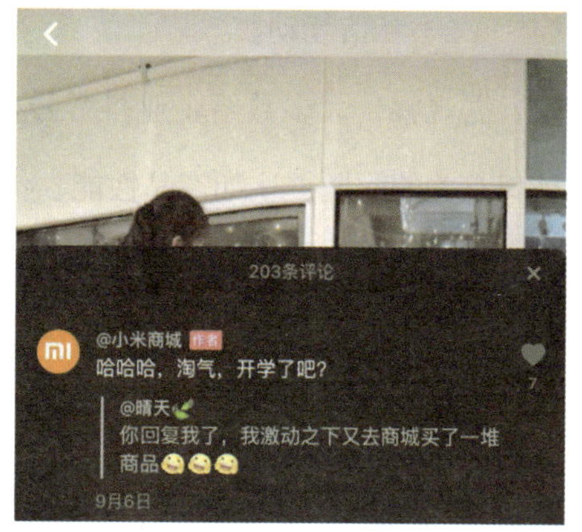

▲“小米商城”的这个回复就非常巧妙：聊天式语气 + 疑问句引发二次互动，展现了可爱小姐姐的人设形象

▲“WEYSUV”的这三个回复，虽然简短，但是体现了账号霸气的人设，让受众对这个优秀的国产品牌更加喜爱

（2）私信互动。

据观察，大多数给企业抖音号发私信的受众，都是在提一些和产品、品牌有关的问题，比如产品性能、价格，品牌发起的活动等。

面对这些私信，企业抖音号运营者在互动时要在符合人设的基础上，更多地注意解答的专业性和权威性。

（3）视频内容互动。

视频内容互动，指的是运营者从某条评论中获得了建议或启发，在不违背账号人设的前提下，发布的回应该评论的视频内容。而这条被用视频回应的评论，一般都是排名极为靠前的热评。因为只有这样，我们运营者用专门一个视频去回应，才彰显出价值。

（4）直播互动。

直播互动，指的是企业抖音号人设载体（公司领导、员工、吉祥物人偶等）发起抖音直播，实时与受众进行互动吸粉。发起直播前，一定要做好万全的准备，保证出镜人设不偏离，过程强把控。

（二）风格打造——用多种玩法打组合拳（以下内容部分参考抖音官方资料）

企业抖音号经常需要用到的几种风格如右图所示：

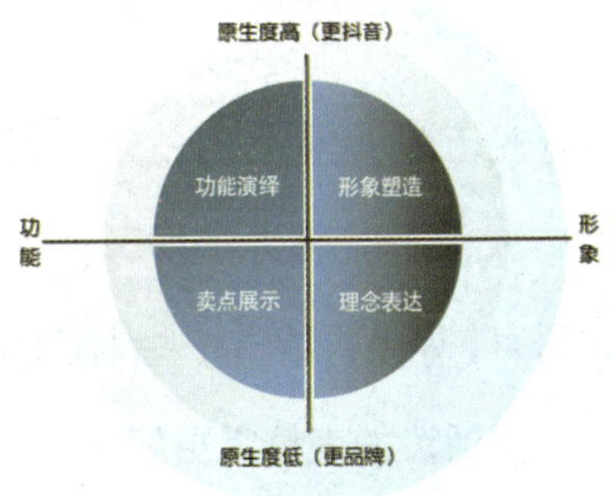

▲ 企业抖音号内容风格“四象限”

对于企业抖音号生产的内容风格，我们可以做一个深度的四象限剖析。这个四象限可以帮助广告主在内容生产前，有一个清晰的定义：我要生产的这支视频到底要做什么，传递什么？

四象限中，横轴强调的是功能和形象：这支视频生产出来是着重实际展示产品功能，还是想塑造品牌的形象气质？纵轴讨论的是原生的问题：更符合抖音风格的视频，原生度更高；更遵循品牌理念的，原生度更低。所以建议运营者在决定视频内容风格前，用这个四象限法则来审视一下自己的内容风格和预期效果。

1. 功能演绎

利用抖音达人或企业内部员工的表现力，充分演绎产品特性和使用场景。

▲ 用抖音扫码可以播放视频

首先是原生度很高，同时着重展现产品功能的这一类风格视频。原生度高，一方面体现在竖屏创作上，另一方面，视频中都运用了抖音上很热门的创作手法，比如运镜和热门歌曲等，使受众对这个内容不会感到陌生，接受度很高。

2. 形象塑造

通过符合平台的风格化创意，重新塑造或传播品牌形象。

形象塑造类的内容风格也是非常的原生，符合抖音用户平时的观看习惯。比如国博视频里就添加了几种抖音用户很熟悉的贴纸元素、滤镜元素等，

@国家博物馆

#嗯～奇妙博物馆 嗯~奇妙博物馆，陶俑们闪亮之后，神兽和动物们坐不住啦~咋整~

◀ 用抖音扫码可以播放视频

让它看起来很“抖音风”，而视频的内容里刻意弱化了博物馆“科普教育”等比较沉闷的功能性，另辟蹊径地塑造出了“文物也卖萌”的形象，颇受年轻人关注。

3. 理念表达

借助原生影响力与标签感，充分彰显品牌理念与主张。

理念类的内容风格相较而言，没有过多的“抖音风”，而是基本延续品牌自己的调性和标签，诠释企业的品牌理念。

4. 卖点展示

在此介绍下功能和卖点的区别。

功能：一般是一款产品，对消费者发挥的有利作用。例如 oppo 的“充电 5 分钟，通话 2 小时”。

@天猫

TA发了一个抖音短视频，快来围观，不好看算我输！

▲ 用抖音扫码可以播放视频

卖点：同类产品中，为什么选 A 不选 B，给出一个直接激发消费者选择它的理由，比如价格优势、促销等。

卖点展示类的内容风格，更偏向从品牌角度挖掘产品的独特、突出卖点。

第二节　企业抖音号的内容，其实就这三种

在品牌主页上，品牌主能够对优质内容进行落地呈现和推广。

抖音的内容已经从垂直慢慢走向了多元化，不再是仅仅展示网红达人，而是包含情感、萌娃、萌宠、舞蹈、技术流等多个类别。不论一线明星还是达人团队，抑或是普通素人，只要创造出有趣味、参与性强的内容就有可能吸引大量粉丝受众的关注。根据抖音官方提炼的三大内容运营法则，整个抖音平台，多元而丰富的内容大致可以分为三类：热点型内容、标签型内容和广告型内容。

一、热点型内容

热点型内容，顾名思义就是要追随平台热门内容，强调内容的新鲜性与活跃感。热点型内容无明确营销目的，主要以优质内容吸引受众对账号产生兴趣，点赞量和关注量为核心指标。

热点型内容需要根据实时热点、流行素材来生产，内容规划需要贴合时下流行，突出显现热点、新潮。

具体来说，热点型内容大致分为两种：平台推荐热点（热门话题、热

门挑战赛等）与网络流行热点（段子、音乐等）。品牌方需要把自身想传达的理念跟热点的创意结合起来。那么从哪里获知抖音上最火的内容呢？抖音音乐榜、抖音热搜榜、热门挑战等途径都可以发现平台最火的内容。

在抖音的搜索界面中会显示官方推荐热点即“热搜内容”，专门标识了“热”“新”“荐”等字样，这些热搜内容都是官方希望被关注到的。在为内容寻找新的思路时，可以先选择根据“热搜内容”去做，主动贴合平台倾向，获取一定的流量支持。

平台还会定期推出带#的热门话题。明星、达人引爆，引领全网跟风。这些内容会带来巨大的流量，比如轰动平台的“溜溜梅扛酸全民挑战”，由明星杨幂引爆，截至2018年10月，看过人数已破4亿。

另一种则是网络流行热点。网络时代，信息海量，每分每秒，各个领域都在产生着热点。明星八卦、社会新闻、流行金句、无厘头热梗……这是一个通过热点追逐注意力资源的时代，抖音品牌官方主页也要学会追热点。

在微博、微信、网络综艺、热门影视剧等平台和领域流行的热点，在抖音也会流行；同理，在其他品牌上流行的热点在抖音中也可能获得不错的效果。

热点的特性就是共通，不论是官方推荐，还是网络热点，追随主流玩法总是一个提高自身流量、吸粉涨粉的好方法。

流量意味着可以提高自身抖音账号的关注度，让品牌内容得到最大限度的曝光，所以在日常官抖运营时，根据品牌调性合理地追热点对于抖音账号来说显得尤为重要。

二、标签型内容

标签型内容指企业持续不断地产出跟自己的品牌、产品、调性相一致的系列内容，自成一体，有统一风格。

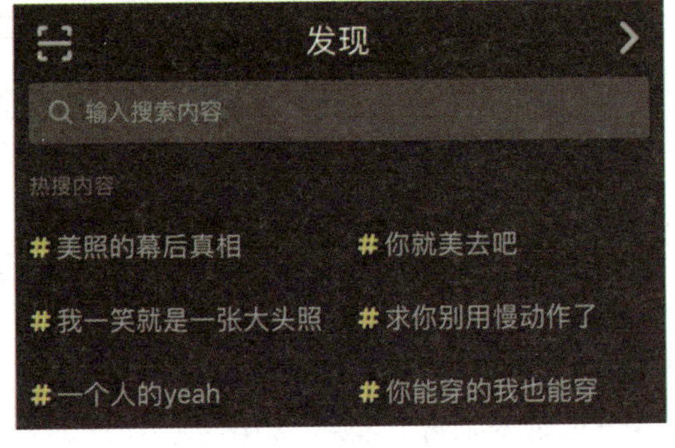

▲ 抖音发现页热门话题（来源：抖音 App）

标签型内容代表着品牌的核心价值，对于企业抖音账号来说是不可或缺的。

企业可以发起带有标签的、持续性的话题，主要目的是让用户参与品牌内容的创建，在参与的过程中可以加深对品牌的了解，熟知品牌理念。但要注意整体内容的调性与风格，降低内容偏移的风险，尽量让受众在可控范围内帮助我们的品牌进行二次传播。

抖音平台上，很多企业做过品牌挑战赛，你会发现，只要将品牌核心价值与契合抖音的主流玩法相结合，就可以让品牌有很好的声量传播。播放、点评、用户再创作……都可以让品牌知名度增加，标签型的内容还能够辅助塑造品牌调性。

标签型内容规划一定要有条理性，以引导用户互动为主。

首先要明白我们的受众范围，合理地选择内容的方向，比如我们想吸引舞蹈方面的粉丝，自然要做舞蹈方面的内容，让用户与我们的系列话题或系列内容进行良性互动，这样才能达成良好的传播效果。选择符合品牌调性的主题并加以系列规划可以更好地提升品牌在某个领域的地位，使用户平时只要涉足该领域，马上就可以想到该品牌。好比“网购用淘宝”“驱蚊用六神”在用户心中形成“捆绑”效应。

其次，此类内容对于创意能力要求很高，需要持续不断地产出跟自己的品牌调性相契合的内容。品牌需要打造连续性主题内容或活动，强调内容的风格化和系列化，完成账号内容的基础搭建，按时间排期制订内容规划，稳定输出诸如系列教学、系列剧情、系列产品、系列场景等标签型内容。这类内容必须要有人设，吸引受众持续不断地追内容、看内容，在这一过程中，强化品牌价值。

三、广告型内容

广告型内容可配合品牌关键营销节点集中投放，这样有助于品牌声量在短期内爆发式增长。

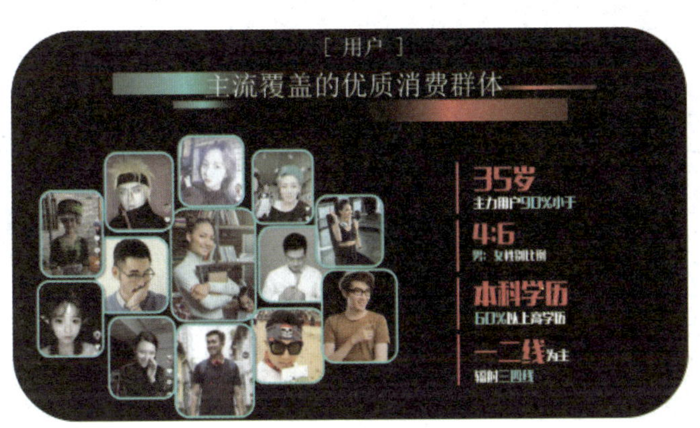

▲ 抖音优质消费群体用户画像

不同于传统广告，抖音平台的广告型内容必须要紧紧贴合平台特性。

截至2018年6月的数据显示，抖音用户90%小于35岁，男女性别比例为4 ：6，60%以上为本科学历，一二线城市为主。

抖音主流音乐的特征是节奏感强、有节拍。以音乐来配合精心制作的内容可以在极短的时间内拥有足够的粉丝积累。

抖音用户推荐功能会形成良好的用户关系链，只要视频的调性与内容符合抖音的主流玩法，用户关系链往往能给品牌带来更理想的传播效果。

抖音的slogan（品牌口号）是记录美好生活，正是这一“普世”的slogan，才使得平台内容更加多元、丰富……

除此以外，抖音平台最大的特点即倡导竖屏。当下用户的浏览习惯正在发生变化，不再局限于传统的横屏浏览，MOVR Mobile的报告显示：智能手机用户有94%的时间将手机竖版持握而非横版；英国调研机构Unruly的一项调查显示：52%的手机用户习惯将屏幕方向锁定为竖向。从用户接收内容的效率来看，竖屏广告会比横屏广告更容易被用户接受。

▲ 竖屏广告更容易被用户接受（来源：抖音App）

移动互联网时代，竖屏广告展示的单位面积要远超横屏广告，竖屏也意味着全屏，全屏化能带给消费者更强的沉浸感，用户互动更便捷，也能帮助品牌在单位时间内传播更多的信息。所以说，竖屏广告的意义不仅仅是取代横屏广告 16 ∶ 9 或者是其他的画面尺寸，而是让视频在全屏传播中有了很大的进步。在官抖中，我们需要充分发挥竖屏广告的价值，以此推动传播效率的提升。

竖屏广告伴随着短视频的风口而迅速发展。竖屏营销在结合用户浏览习惯的同时，更需要将专业性的内容与平台特性相结合。对于品牌方来说，不能直接拿其他平台上的内容在抖音上进行二次发布，一定要考虑到竖屏用户的浏览习惯，制作出符合抖音特性的内容。

合理的传播技巧可以唤醒受众的关注；精准的策划可以达成品牌策略，实现传播效果的最大化。熟练掌握三类内容要点，有助于品牌主玩转抖音。

第三节　蓝 V 认证——企业玩转抖音第一步

一、企业为什么要进行蓝 V 认证

抖音企业号开通认证，将获得蓝 V 认证标识。经认证的企业号可成为品牌主的内容营销服务平台，帮助企业传递业务信息，树立品牌形象。

近年，因为商标引发的战争越来越多。前有加多宝和王老吉 7 年之争，后有 papi 酱申请注册的商标“papi 酱”被商标局驳回，品牌纷纷意识到了商标保护的重要性，开始有意识地进行主动抢注。无独有偶，抖音企业号抢注成风，大批品牌主为了争取到具有唯一性的企业号昵称，快马加鞭，启程抖音蓝 V 审核之旅。

究其原因，坐拥大量年轻用户的抖音已然是一个不断突破上限的流量池，成为许多品牌的营销新战场。这些品牌在进行抖音蓝 V 认证后，获取了专属的蓝 V 权益，通过抖音蓝 V 营销，获得了不菲的流量、品牌升级以及有效转化。

案例一

世界杯期间，哈啤凭借着抖音短视频开屏、信息流等高价值广告曝光资源，以及强互动参与度的挑战赛活动，抖出 13 亿曝光量。

▲ 哈尔滨啤酒 # 抖出庆祝新姿势挑战赛，数据截至 2018 年 12 月

信息流广告页面浏览量累计超过 257 万人次，内马尔开屏广告 PV 高达 5600 万人次，点击量超过 295 万人次；# 抖出庆祝新姿势主题挑战赛掀起一场全民球场哈啤大狂欢，成功吸引了超过 27 万用户参与，视频参与量高达 35.3 万条，视频总播放次数超过 13 亿，总点赞量超过 5312.5 万；根据主题挑战赛定制的“喇叭 + 足球 + 哈啤”组合贴纸道具，使用人数超过 6.9 万人，成功扩大了品牌声量。截至 2018 年 12 月，仅仅挑战赛一项流量已达 20 亿。

案例二

为宣传全新 BMWX3 上市，宝马于 2018 年 6 月入驻抖音品牌主页，正式开启短视频营销新篇章。

次月，宝马再度追投抖音，实现超过 1.35 亿的强曝光，由正片剪辑的短视频在抖音正式投放信息流，曝光达成率高达 254.54%，同时收获

▲ BMW X3 新品上市投放信息流（来源：抖音 App）

53.5 万赞。抖音作为构建年轻化阵地的重点平台，有力地帮助宝马汇聚了年轻、创新、敢于展现自我的主流城市人群。抖音品牌主页作为活跃的粉丝经营阵地，沉淀品牌专属内容的同时，也能与用户构建有效互动，形成口碑效应。

案例三

唯品会 2018 年 616 大促宣传期间，曾在抖音上发起 # 挑战有意思挑战赛，配合唯品会专属抖音贴纸和洗脑的《挑战有意思》BGM，吸引 142703 人参与，获得投稿 157675 条，获得超 4.9 亿品牌总曝光量，1386 万点赞量。

关键广告位切入第一时间抢占用户的注意力。据统计，最终开屏黄金广告位为挑战赛带来 1355 万超高曝光量，原生信息流广告为挑战赛带来

400 万曝光量，成为另一引流利器，使挑战赛热度再次升级，成功为唯品会大促造势引流。

▲ 唯品会 6 · 16 活动挑战赛（来源：抖音 App）

截至抖音官方 2018 年 11 月报告的数据，抖音国内日活跃用户突破 2 亿，全球月活跃用户突破 5 亿，主力用户群为 24 ~ 30 岁的年轻人。

原本对数字化敬而远之的 Chanel，也在“抖音美好生活映像志”蓝 V 账号一连 12 天上线 12 支 Chanel J12 腕表的广告视频；Dior 成为首个入驻抖音的奢侈品品牌，培养年

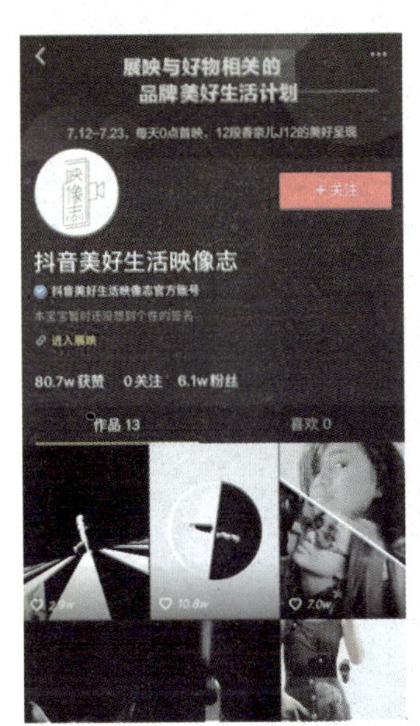

▲ 奢侈品牌与抖音的合作（来源：抖音 App）

轻人群体，把他们转化为潜在的消费对象——品牌想要找到年轻人，抖音是绕不开的平台。

2018 年 6 月起，抖音企业号正式上线，开放蓝 V 注册，成功认证的企业号享有昵称锁定保护、DOU+、一分钟长视频等近 20 项专属权益。

据统计，截至 2018 年 6 月 6 日，抖音上所有蓝 V 发布的视频总数超过 75000 条，粉丝总数超过 4221 万人，总播放量超过 65 亿次，越来越多的品牌成功通过了蓝 V 认证。

由于抖音昵称不允许重名，而且企业认证采取先到先得的原则，这才引起了开篇讲到的“抢号大战”，因为这意味着你喜欢的企业号昵称很可能被其他企业抢占。毕竟，一个信息描述准确、有代表性的企业号昵称，能够为企业大大降低认知成本。（部分数据来自公众号“头条营销观察”）

二、认证企业能获得哪些特权

（一）官方身份认证

在搜索抖音用户名称时，根据关键字会优先显示已通过抖音企业认证的官抖，这样就能帮助感兴趣的用户第一时间找到你的官方账号。同时企业认证的称呼被锁定且有唯一性，防止用户将山寨版冒名企业账号当成官方账号，有助

▲ 优先显示已通过抖音企业认证的账号

▲ 账号显示蓝 V 认证，自义定头图

▲ 挑战赛主页显示和下载链接

于维护企业权益。

搜索栏、抖音账号主页都会显示官方蓝 V 认证及认证信息，体现平台背书，彰显官方权威性。企业主还可以自由定义头图，选择有利于塑造企业形象的相关图片，第一时间吸引用户眼球。

通过高级认证的企业号，还增加了两个功能：挑战赛主页显示和下载链接。（在今日头条或者抖音上有一定消费的企业主，可以申请高级认证。）

（二）视频置顶

认证账号可以将任意视频置顶，用户在点进主页后就能优先看到，由此可以提高重点视频曝光量，为重点内容多次加热。

▲ 任意视频置顶（来源：抖音 App）

（三）主页外链

主页外链可跳转到官方网站 H5 页面，为目标用户提供更多企业介绍，提高品牌认知度。

▲ 主页外链可跳转官方网站（来源：抖音 App）

（四）一分钟视频

进行企业认证的抖音号，发布视频的长度可由原本的 15 秒升级为 1 分钟，可以进行更多内容的宣传与推广。

（五）私信自定义回复

用抖音或头条账号登录 mp.toutiao.com，点击左侧导航栏的“抖音”，左侧边栏选择“消息管理”，可对私信进行设置。私信自定义回复能提高企业与粉丝的沟通效率，减轻企业号运营工作量。用户通过自助查询，能够获得实时反馈，这样就能避免因回复不及时造成的用户流失。

▲ 私信自定义回复

（六）商家 POI 地址认领

蓝 V 企业号在成功认领 POI 之后，可以编辑自己的商家详情页，包括

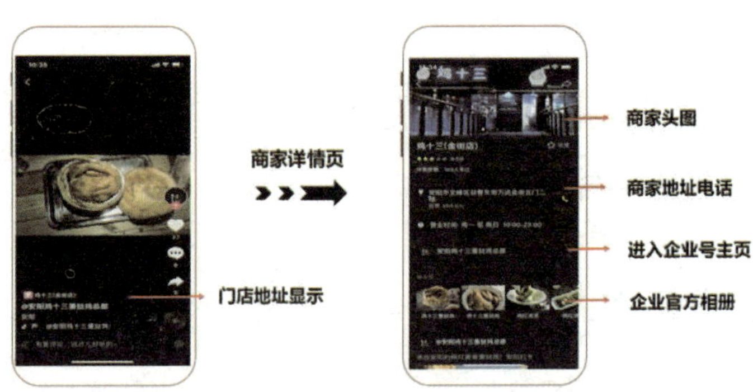

▲ POI 线上门店详情页

商家头图、商家地址电话、企业官方相册等，直观展示企业宣传内容可以缩短转化路径，为企业提供信息曝光的同时实现流量转化。

目前一个企业只可认领一个 POI 地址，一个 POI 地址只可被一个企业认领。

（七）企业号数据分析

企业号数据分析功能可以帮助企业全面了解企业号运营状况，科学分析评估账号价值、传播效果、互动效果。数据分析包括核心运营数据、主页数据、视频互动数据等。

三、企业如何快速完成抖音蓝 V 认证

作为品牌方，如果你还未对抖音号进行企业认证，使用电脑登录 renzheng.douyin.com，或登录抖音官方网站（www.douyin.com），点击认证申请，并在认证界面填写认证邀请码：123456，即可进行快速认证。

有认证意愿的小伙伴扫描以下二维码，还会有专业客服手把手进行认证引导。

从抖音企业蓝 V 认证开始，开启你的官抖之旅吧！

▲ 抖音认证专属服务商

▲ 用微信扫码了解更多详情

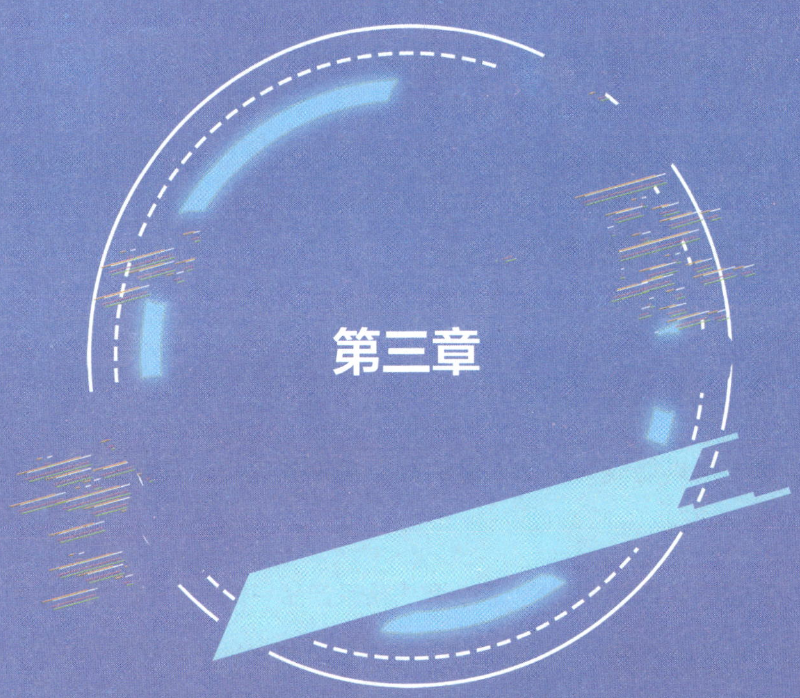

企业抖音内容运营全攻略

第一节　如何成为抖音流量池的宠儿

一、抖音的推荐机制大公开

（一）抖音推荐机制背后的逻辑

抖音之所以能成为如此火爆的社交短视频应用，其背后的算法功不可没。

抖音属于字节跳动旗下产品，和头条系产品一样，抖音的推荐机制（流量分配）是去中心化的，也就是说，每个账号都有机会爆红。

这一点和微信公众号完全不同。在微信公众号上，如果你没有粉丝，内容就很少有人能看到。但是抖音不一样，它的分发并不仅仅基于粉丝，甚至你可以完全没有粉丝。

可为什么有的人在没什么粉丝的情况下玩抖音，能轻松获得 10W+ 点赞，而有的人一连发了几十条视频都没什么流量呢？

这就必须了解抖音算法背后的逻辑：流量池。

抖音里每一个视频诞生的初期都在一个初级流量池内，视频会被推荐给那些最有可能对视频内容感兴趣的用户。然后，根据第一批用户对视频产生的行为反馈，机器会生成对视频质量的评价，从而决定视频是否进入下一个流量池并获得更大的流量推荐。因此，抖音的算法让每一个有能力产出优质内容的人，得到了跟大号公平竞争的机会。即使暂时不是大号，只要你有能力产出优质内容，就可以获得高流量。

▲ 优质内容将获得高流量推荐

相应的，如果视频进入初级流量池后，用户的反馈不好，数据不佳，抖音就会减少推荐，无法进入下一级流量池，甚至遭遇雪藏，最终的流量数据就会不理想。

那么，用户行为反馈的哪些数据会影响机器对视频质量的判断呢？

（1）点赞量；

（2）评论量；

（3）转发量；

（4）完播率。

关于这些数据的意义，我们会在本书第五章做详细的介绍和分析。

（二）那些不可触碰的红线

虽然抖音拥有如此智能、强大的个性化推荐机制，让每个账号都有了制造爆款视频的可能，但正所谓“无规矩不成方圆”，任何一个平台都有着对内容的基本要求。这些要求构成了抖音平台内容审核的“红线”，一旦越线，轻则不给推荐，重则封号，甚至被追究法律责任。

下面就让我们一起来了解一下这些“红线”。

（1）反对宪法确定的基本原则的。

（2）危害国家安全，泄露国家秘密。

（3）颠覆国家政权，推翻社会主义制度，煽动分裂国家，破坏国家统一的。

（4）损害国家荣誉和利益的。

（5）宣扬恐怖主义、极端主义的。

（6）宣扬民族仇恨、民族歧视，破坏民族团结的。

（7）煽动地域歧视、地域仇恨的。

（8）破坏国家宗教政策，宣扬邪教和迷信的。

（9）编造、散布谣言、虚假信息，扰乱社会秩序、破坏社会稳定的。

（10）散布、传播淫秽、色情、赌博、暴力、凶杀、恐怖或者教唆犯罪的。

（11）危害网络安全，利用网络从事危害国家安全、荣誉和利益的。

（12）侮辱或者诽谤他人，侵害他人合法权益的。

（13）对他人进行暴力恐吓、威胁，实施人肉搜索的。

（14）涉及他人隐私、个人信息或资料的。

（15）散布污言秽语，损害社会公序良俗的。

（16）侵犯他人隐私权、名誉权、肖像权、知识产权等合法权益内容的。

（17）散布商业广告，或类似的商业招揽信息、过度营销信息及垃圾信息的。

（18）使用本网站常用语言文字以外的其他语言文字评论的。

（19）与所评论的信息毫无关系的。

（20）所发表的信息毫无意义的，或刻意使用字符组合以逃避技术审核的。

（21）侵害未成年人合法权益或者损害未成年人身心健康的。

（22）未获他人允许，偷拍、偷录他人，侵害他人合法权利的。

（23）包含恐怖、暴力血腥、高危险性、危害表演者自身或他人身心健康内容的，包括但不限于以下情形：

①任何暴力或自残行为内容；

②任何威胁生命健康、利用刀具等危险器械表演的危及自身或他人人身及财产权利的内容；

③怂恿、诱导他人参与可能会造成人身伤害或导致死亡的危险或违法活动的内容。

（24）其他违反法律法规、政策及公序良俗、干扰“抖音”正常运营或侵犯其他用户或第三方合法权益内容的信息。

（三）平台不喜欢的内容不要发

除了上述这些“红线”外，我们还需要了解平台不鼓励哪些视频内容。

1. 视频质量差

无内容、模糊、产品 bug、静帧、拉伸、破坏景物正常比例、非竖版、3s 及 3s 以下、观看后让人感到极度不适等视频。

2. 搬运类视频

ID 与上传者 ID 不一致、账号状态标签为搬运号、明显截取的 PGC 内容、录屏、出现其他平台水印等视频。

3. 调性极不符

内容低俗含有软色情、内容引人不适、内容不符合平台调性、非正向价值观等视频。

4. 隐性高风险

视频或文案中出现广告、欺诈内容、标题党、医疗养生类、抽烟喝酒的行为、违规饲养野生动物、虐童现象、疑似赌博场景、封建迷信现象、酒吧迪厅等嘈杂环境、与金融相关的产品介绍、宣扬宗教信仰的内容。

平台不鼓励上述内容，是为了维护平台生态的健康，这样才能够长久留住用户。只有这样，我们的流量才能真正产生价值。所以，作为每一个账号运营者，我们都有责任用优质的视频共同维护平台的生态健康。

二、怎样做才能获得更多推荐

官方给出的如下建议，我们企业抖音号运营者都要牢记在心。

简单总结一下就是：

创意好（有独特创意和优质剧情、拍摄剪辑手法独特）；

才艺牛（舞蹈、弹唱、颜值、特殊技能等）；

场景丰富（户外、人多、场景多、美观精致等）；

配合度高（积极参加官方挑战、站外传播等）。

▲ 抖音鼓励的视频内容

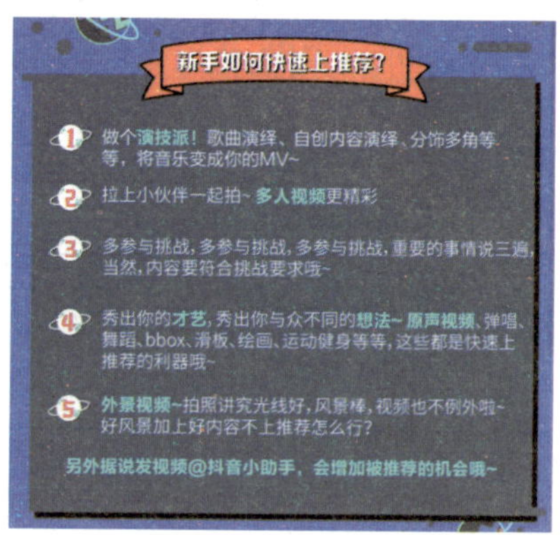

▲ 新手快速上推荐的 5 条建议

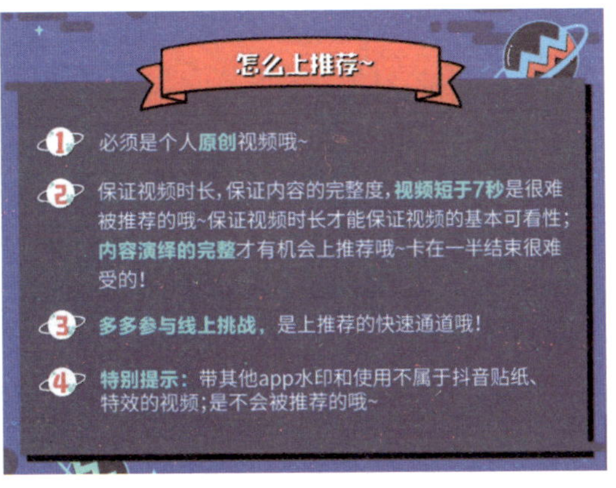

▲ 上推荐需要注意的内容

三、关于账号权重——你的账号是僵尸号还是大热号

有不少运营者曾反映说，自己运营的账号一度流量还不错，可是后来不知什么原因就突然没什么流量了，无论再发什么内容，视频数据看上去都是“一片死寂”，于是百思不得其解。

其实若碰到这种情况，你基本可以确定——自己运营的账号被降权处理了。

每一个抖音号，都有被机器和人为判定的一个权重，它直接影响着账号的流量。

（一）不同的账号标准和权重区间

1. 僵尸号

如果是持续一个星期新发布作品在播放量 100 以下，则视为僵尸号。

僵尸号几乎等于废号，此时建议重新注册抖音号。僵尸号就是连抖音好友也不会给推荐，相当于你发朋友圈别人也看不到。

2. 最低权重号

如果持续7天新发布作品，播放量在100～200之间徘徊，则是最低权重号，只会被推荐到低级流量池。如果持续半个月到一个月没有突破的话，会被降为僵尸号。

3. 中途降权

还有一种特殊的情况是“中途降权”。比如说账号之前的播放量是在几千或者几万，但是有一天你发布了一条特别硬的广告……大家要知道抖音是很讨厌硬广的。所以，一旦它的系统识别到你的内容广告太硬了，那么就会直接降权，可能直接把这个账号就降为最低权重号或者僵尸号。这也是很多账号突然就没有播放量了的原因。

容易被“中途降权”的另外一类行为，就是搬运。你的账号若直接复制了其他平台的视频，而没有经过二次创作，被平台识别后，也会被降权。

会被“中途降权”的第三类行为，就是刷量。现在抖音平台对刷量监管非常严格。

4. 待推荐账号

如果视频播放量是在1000～3000之间，则为待推荐账号，这个权重相对还是比较高的。如果说你接下来持续发布了比较高质量的作品，或者垂直领域的一个优质作品被抖音看到了，那么它会直接把你推荐到更大的流量池里，那个时候你的视频就可能一夜之间成为“小爆款”。

5. 待上热门账号

视频播放量持续在1万以上的账号，为待上热门账号，官方会主动把视频推送给更多的人。这种账号距离爆款只差一步之遥，所以此时的账号运营者一定要趁热打铁，主动去参与各种官方的最新话题、挑战活动等，积极使用平台上最新发布的音乐作为 BGM，使用最新的拍摄功能（如合拍、抢镜等）。只要你这样做了，你的内容很快就会被推荐到更大的流量池中，从而一夜成就超级爆款。

在此要提醒运营者们：抖音上面的热门是“保质期”特别短的，每天会更新出来很多新热门。所以我们发布视频的时候，一定要找最新的热门，并且找参与人数最多的话题来参与。不要去蹭那些过时的话题，因为那种热点蹭了也没有作用。

（二）降权的避免方法

如何避免被降权？给大家一些可行的方法：

（1）保证一部手机对应一个电话卡和一个账号。不要出现一个手机频繁切换多个账号的情况，那样是会被降权的。一部手机最多操作两个账号。

（2）坚持原创，多用抖音 App 进行拍摄。

（3）发布高质量的作品，多参加热门话题，多使用热门音乐，发布视频时多 @ 抖音小助手。

第二节　你必须知道的抖音功能都在这里了

从地铁扶手撩小哥哥，到“我们不一样”……抖音上爆发了无数现象级的热梗，甚至有网友感慨：一天不刷抖音，仿佛落后了几个世纪，潮流都跟不上了。

除热梗外，抖音还会不定时更新一些特别实用的功能，方便用户对抖音保持新鲜感，那么抖音上有哪些你不得不了解的功能？

一、合拍功能——分屏合拍，跟明星一起拍一部连续剧

2018 年 5 月，抖音迎来了一次版本升级，将抖音客户端升级至 1.8.3 以上，就可以在拍摄视频时使用“分屏合拍功能”（一个视频界面可以同时显示他人拍摄的多个视频）。针对这个全新的视频互动玩法，抖音还于当时上线了名为 # 咱俩真“合拍”！的挑战赛，上线当日即有超过 6 万人参与，截至 2018 年 10 月，该挑战赛播放次数已超 87 亿。

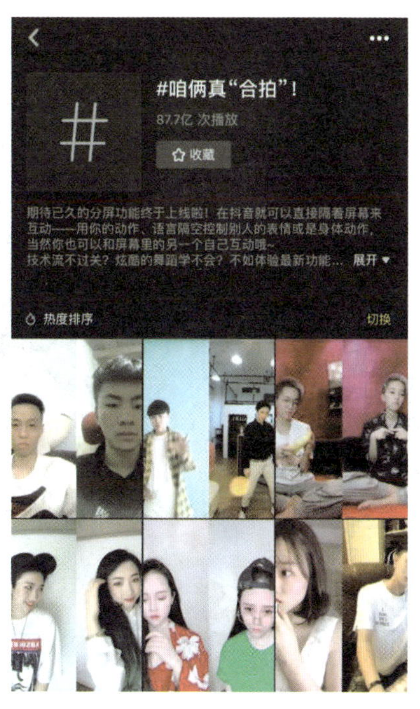

▲ # 咱俩真“合拍”挑战赛（来源：抖音 App）

“合拍”功能怎么用？

选择一个你心仪的视频，点击“分享”按钮，选择“合拍”功能，就可以与自己喜欢的视频合拍了。

左边白色区域就是正常拍摄画面，其余的操作和正常拍视频一样，是不是特别方便？

▲ 点击“分享”按钮选择“合拍”功能

@🦌陆曼蔓Karina
#咱俩真“合拍”！

@金希
#咱俩真“合拍”！ 要不要吃香蕉🍌？再调皮的话我就给你吃掉了！

@咻咻咻小5
#咱俩真“合拍”！ 大家体验下分屏功能拍摄吧，最新版本的分享里面的合拍就可…

▲ 用抖音扫码即可播放视频

参与合拍的“豆芽”也各显神通，有选择跟偶像同框表演的，还有自己跟自己玩嗨了的，甚至还围绕抖音热曲《万物生》，玩起了一场接力赛……

右面这条视频便是整个接力赛的“趣味之源”，# 咱俩真“合拍”！挑战赛刚一推出，这位用萨顶顶《万物生》作为 BGM 的小哥哥，就被网友们玩坏了。

（1）直升机版。

（2）幕后团队版。

@c丫丫个呸y

TA发了一个抖音短视频，快来围观，不好看算我输！

@90年的枸杞

#咱俩真“合拍”！ 电吹风风力太小，给你配个直升机吧！@c丫丫个呸y

@桑西

#咱俩真“合拍”！ 与你合拍 @高校王奶奶幕后团队

▲ 用抖音扫码即可播放视频

为了能让小哥哥的头发飞起来，大家可是煞费苦心！于是，一部“大型无结局连续剧”上演了：

为了能让头发飘起来，你需先使用吹风机，吹风机想要工作，还得插上电源。

要用电源开电闸，还要先去变电室进行操作，而电的产生还需要从“宇宙大爆炸→盘古开天辟地→自然雷电→‘洛基’引雷→水力发电”的源头追溯。

你以为到了“宇宙大爆炸”就完结了吗？并没有！“源头追溯”篇完结了，“蝴蝶效应”篇才刚刚开始。

吹起来的头发，让头皮屑乱飞，怎么办？

某网友站出来说，把小哥哥的头发剪掉，不就完结这一系列了吗？

没想到仍有网友将这个梗接下去，你需要剪刀吗？我给你磨一把出来！

@云大

能让我🔥一次吗@抖音小助手

@远方

#咱俩真“合拍”！与你合拍@兴宁赛锅，帮你磨好剪刀，不知道会不会有下一个🤣

▲ 用抖音扫码即可播放视频

合拍功能自从上线后，不仅为用户带来巨大的互动空间和想象力，更让人见识到了合拍功能的强大之处。如今，抖音上很多挑战赛也是以合拍互动的形式展开，且成绩斐然。

以抖音上的游戏营销举例，据 App Growing 统计，在目前抖音的热门投放行业当中，游戏广告的投放占比高达 34.48%，远超文化娱乐、护肤美容等其他类型的广告。

▲ 网友制作的“头发哥”

案例一

比如《皇室战争》的抖音营销活动中，在其挑战赛持续期间，累计播放数轻松破亿。

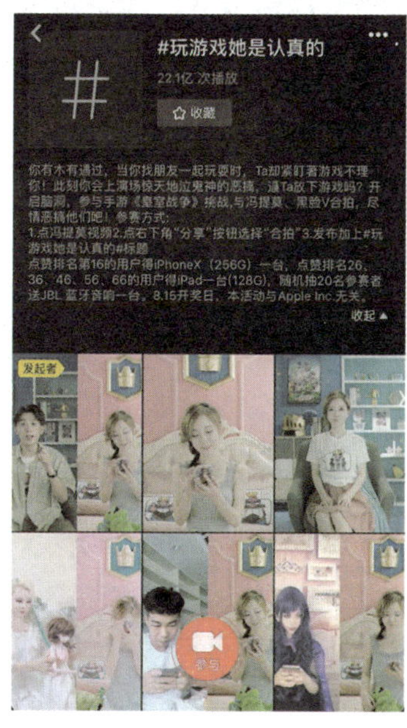

▲ 冯提莫使用“合拍”功能

▲ 黑脸 V 使用“合拍”功能

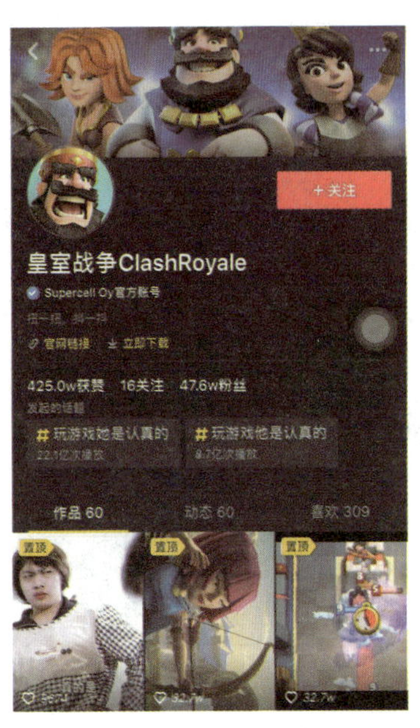

▲ @ 皇室战争 Clash Royale 视频主页

截至 2018 年 10 月“# 玩游戏她是认真的”话题播放数超 22 亿，“# 玩游戏他是认真的”话题观看数超 8.7 亿，还将《皇室战争》官方抖音账号粉丝数提升至 47.6 万人。

抖音是一个花式炫技的地方，内容多元，用户群体广泛，用户的游戏属性被弱化。因此，如果想最大范围引爆用户圈层，内容营销无疑是各大商家的突破点。这次《皇室战争》在抖音投放亮点在于——让高人气 KOL。为引爆挑战赛，《皇室战争》邀请了两位高人气 KOL 加盟：冯提莫、黑脸 V。

▲ 高人气 KOL 加盟挑战赛（来源：抖音 App）

截至 2018 年 10 月，黑脸 V 在抖音上拥有 2600 万粉丝，冯提莫拥有 2800 万粉丝，两人都拥有超高的人气。对于黑脸 V 来说，他凭借技术流吸引了一大批粉丝，在抖音粉丝群中有很大的影响力；对于冯提莫来说，她是曾经的“斗鱼一姐”，与游戏领域有着很深的渊源。两位 KOL 能够最大范围地覆盖用户群体，引发话题讨论，吸引抖友合拍。

案例二

《球球大作战》是一款年轻人都喜欢玩的“大球吃小球”类游戏，首位代言人是周冬雨。在 2018 年暑期版本更新之季，官方在抖音上发起挑战赛 # 前方有球请接住。

这次投放的亮点在于——利用合拍功能引导互动。

《球球大作战》用户可以任意选择和代言人周冬雨、明星玩家孙艺洲进行合拍视频的创作。在爱豆风靡的时代，合拍功能可以极大满足用户的个性化需求以及与自己喜欢的爱豆“合体”的心愿，以明星的影响力进行扩散传播。

@韩帅奇

#前方有球请接住 喜欢我就跟我一起玩球球大作战吧！@球球大作战

▲ 用抖音扫码即可播放视频

此前游戏类产品在其他平台广告投放上存在着“高投入，低转化”的痛点，合拍本身的强娱乐属性，很容易受到游戏用户欢迎，抖音用户与游戏类玩家的高契合度，可以帮助游戏平台导流，实现高效转化。

▲ # 前方有球请接住挑战赛合拍玩法

二、抢镜功能——明星靠边站，抢到镜头你就是 C 位

继合拍功能之后，抖音又加入了一种拍摄玩法——抢镜。

什么是“抢镜”玩法？先来看看两个示范视频。

可以看到，“抢镜”的玩法与抖音之前上线的“合拍功能”有些相似，都是在原视频的基础上进行下一步操作。

@双子猴哥儿

@倒霉侠刘背实 又被我 #抢镜 啦！ @抖音小助手

@庄13台妹PKGIRL

@J 又被我 #抢镜 啦！ #你的bgm真抢镜 哈哈哈哈😂笑的停不下來了！

▲ 用抖音扫码即可播放视频

选择“抢镜”玩法后，我们可以进入到正常视频的拍摄界面。

拍摄视频界面的左上角会出现一个长方形镜头界面，用户接下来拍摄的内容，都将出现在框内。在拍摄时，用户可以正常使用左下角的道具功能为视频增加特效。

视频框默认出现的位置在拍摄界面的左上角，拖动“抢镜”的视频框时，界面会出现一个黄色虚线框选的区域，用户可在区域内任意选择位置安放抢镜的视频框，进行视频的创作和录制。

▲ “抢镜”功能（来源：抖音 App）

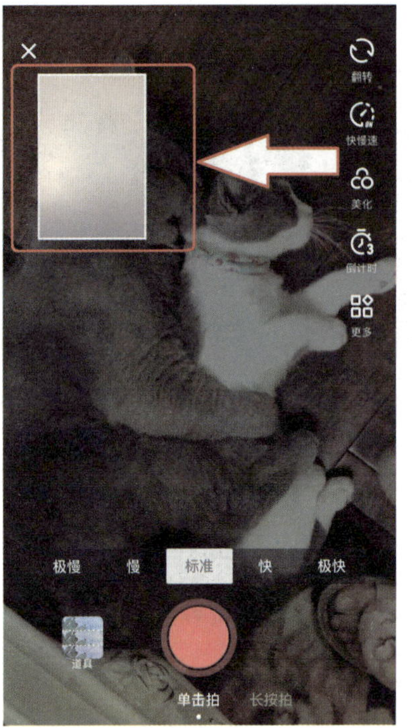

▲ “抢镜”功能操作步骤（来源：抖音 App）

在使用抢镜功能时，需要拍摄者注意两个问题：

（1）抢镜视频框的位置，是否可以在拍摄视频过程中任意更改？

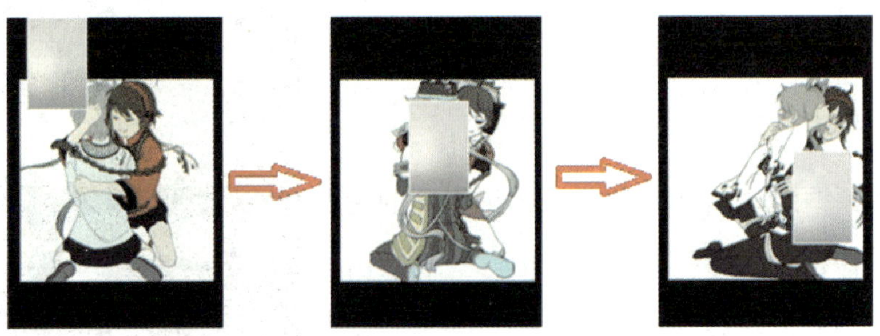

▲ “抢镜”视频框在拍摄过程中可任意更改位置

答案是肯定的。

白色抢镜视频框可以在拍摄过程中按照视频创作者的需求任意更改位置，方便创作者制定拍摄计划。

（2）已发布的抢镜视频，是否可以继续进行抢镜操作？

对于已发布的抢镜视频来说，它也是可以进行抢镜镜头加入的。不过在选择抢镜功能时，界面会弹出两个选项：抢镜当前视频、抢镜原视频。

▲ 对已发布的视频进行抢镜操作（来源：抖音 App）

如果选择抢镜当前视频，则对当前已添加抢镜的视频进行创作编辑；如果选择抢镜原视频，则可以对原视频进行创作编辑。

三、打卡功能——告别剪刀手，抖音达人带火网红打卡圣地

最能放松心情的方式，莫过于许自己一场说走就走的旅行。

对于爱拍照的文艺青年来说，在城市著名景点中留影的乐趣远不如光顾一些个性的网红打卡“圣地”，随手一拍都是大片的即视感。

为满足大家一睹网红打卡“圣地”坐标的心愿，抖音上线了“拍照打卡地图”功能，点击定位不仅能瞬间 Get 打卡地标的具体位置，还能看到其他所有曾经在这个地点定位过的“豆芽”的视频。

▲ 图片来源：抖音 App

为帮助大家获取到第一批抖音同款网红景点，抖音官方还为大家准备了 11 个示范打卡地图：

1. 北京——三里屯太古里、红砖美术馆

三里屯太古里，全北京最适合街拍的地方。

红砖美术馆，艺术气息浓厚的文青聚集地。

▲ 图片来源：抖音 App

@Boogie93

#跟我打卡最红地标 第一次教大家拍照有些紧张，没什么经验～请大家不要介意！...

@薛老湿

#跟我打卡最红地标 这么丑的小哥哥怎么拍照？教你怎么拍长腿游客照。哈哈哈。...

▲ 用抖音扫码即可播放视频

2. 上海——1933 老场坊、武康大楼

1993 老场坊，所谓童心未泯，就是可以把楼梯踩成钢琴。

武康大楼，在电影《喜欢你》里，金城武说这里是上海最适合看夕阳的地方。

◀ 图片来源：抖音 App

@薯条精的番茄酱
#跟我打卡最红地标 出个傻瓜教程 快艾特你们的男朋友 哦不 你的闺蜜 去打卡吧！...

@Bram面包
#跟我打卡最红地标 教你怎么告别游客照[Peace]

▲ 用抖音扫码即可播放视频

3. 成都——iBox、东郊记忆

iBox，这城市里有上千万个集装箱，但好看的都在这里。

东郊记忆，什么是潮流？我就是。

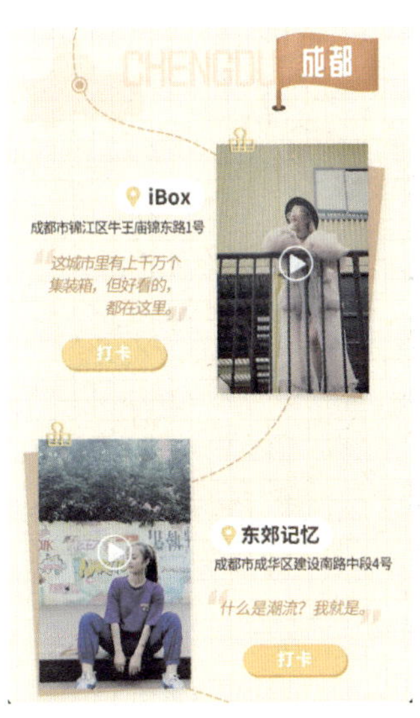

◀ 图片来源：抖音 App

@黛小菓

#跟我打卡最红地标 要来成都玩的宝贝 小菓带你们ibox打个卡 拍照录像时别忘了…

@陈雪莉 Shirley ®

#跟我打卡最红地标 视频内容能看出我在说怎么拍摄么😂东郊记忆拍照圣地一起来…

▲ 用抖音扫码即可播放视频

4. 杭州——浙江大学之江校区

浙江大学之江校区，大不自多，海纳江河。

◀ 图片来源：抖音 App

@六二二同学

#跟我打卡最红地标 教大家如何在下雨天，拍出美美的照片😘快让男友get起来吧~

▲ 用抖音扫码即可播放视频

5. 厦门——厦门万石植物园、沙坡尾

厦门万石植物园，真希望自己可以长成一株仙人掌，任沙漠荒凉，我自野蛮生长。

沙坡尾，小时候最向往码头，它是一切星辰大海的起点，是水手开启热血征程的地方。

◀ 图片来源：抖音 App

▲ 用抖音扫码即可播放视频

6. 广州——红专厂创意园、Pink STAR Art Space

红专厂创意园、旧站台、老火车，我多一张车票，你来不来？

Pink STAR Art Space，楼梯、铁丝网、海报——统统都是粉色的。

◀ 图片来源：抖音 App

▲ 用抖音扫码即可播放视频

去年，赵雷的《成都》让不少年轻人因为歌里唱的“玉林路”“小酒馆”慕名前往。

今年，随着抖音的火爆，“《西安人的歌》+ 摔碗酒”成就西安旅行大 IP，“穿楼而过的轻轨 +8D 魔幻建筑落差”让重庆瞬间升级为超级网红城市，“土耳其冰淇淋”让本就红火的厦门鼓浪屿吸引了更多慕名而来的游客。网红经济时代的到来，城市地标不再只是高楼大厦，它还可以是一面墙、一座码头……

“抖音同款”为城市找到了新的宣传突破口，通过一个个 15 秒的视频，城市中每个具有代表性的吃食、建筑、工艺品都被高度提炼，配以特定的音乐、滤镜、特效，进行重新演绎，呈现出了超越文字和图片的感染力。过去，人们要描绘“云想衣裳花想容”这样的画面，需要繁复的解释，但现在在抖音上发布一个古装汉服的挑战，所有人就能通过这些不超过 1 分钟的短视频了解其内涵。

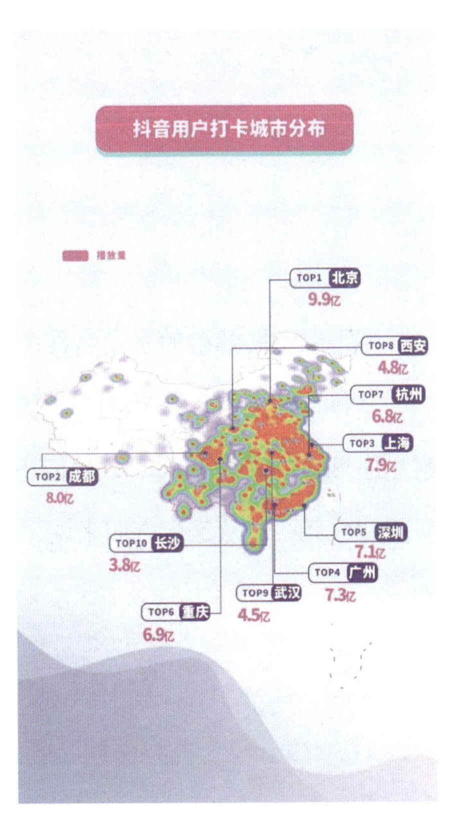

▲ 图片来源：微信公众号“抖音指数”

以 2018 年国庆为例，“十一”黄金周期间，抖音用户走出家门，或流连街市，或奔赴山野，在内地及香港和澳门特别行政区发布了超千万条“打卡”视频，总播放量超过 200 亿。超 2 亿抖音日活跃用户在全国的各个角落，用“打卡”的方式共同记录着

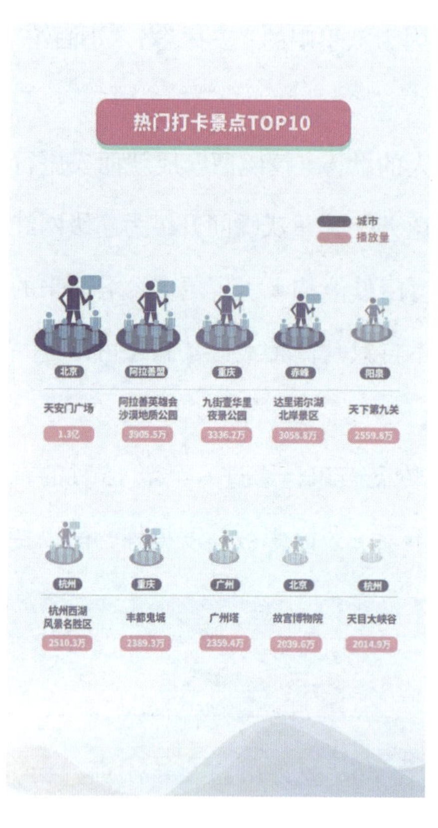

▲ 图片来源：抖音指数

祖国的壮丽山河，发现生活的明丽多姿，呈现改革开放 40 周年祖国方方面面的日新月异。

“故宫人山人海，长城不分内外，西湖挤到没信号。”黄金周出游，拥挤早已不是新闻，但抱怨与调侃并没有阻止游客去往那些早已被认知为“人山人海”的远方。带着抖音逛热点、打开抖音观人潮成为黄金周的假日日常。在超一线城市北上广深，抖音“打卡”视频数量和播放量形成的热力区与人潮聚集区高度重合，“十一”期间，与天安门相关的抖音打卡视频播放量达 1.3 亿，位列所有热门经典第一，城市游及城郊游的多元热点在抖音“打卡”热力区上得到印证。

“抖音地图打卡”功能，也为那些喜欢深度自助游的朋友，提供了观察一座城市的视角。同时，他们还可以通过这个功能找到和结识有共同爱好的“豆芽”，从这个方面来说，这也是抖音在社交上的一种发力。

第三节　制定选题没那么简单

一、如何建立选题库

一些创作者在进行策划时，往往出现毫无头绪地追着热点病急乱投医的现象，漫无目的地浏览热门视频，寄希望于出现一根救命稻草。这往往是因为没有建立起成熟的选题机制造成的。一个成熟的选题机制能帮助策划者积累起丰富的创作素材并从中不断汲取灵感，扩充眼界和思维广度，最终使策划者的选题创作过程变得简单高效。

在建立选题机制前，有两个非常重要的前提需要了解。

（一）前提 1——通过对 IP 的深入了解进行人物设定

对于策划者来说，要建立一个好的选题机制，首要前提是对运营者的特长才艺、性格特点、外形优势等方面进行仔细分析，制定出一个符合人物特点的 IP 设定。这样才能在确立选题前把握好方向，缩小范围。

与传统文艺作品中的人设不同，短视频的人物设定要打破常人在真实生活中丰富而矛盾的形态，提炼出几个最突出的特质来。比如一个少女可能有着活泼、可爱、调皮的外在表现，但内心又完全可能是多愁善感甚至是郁郁寡欢的。这样丰富的性格特质在传统文艺作品创作中是可以存在的。

但在短视频中，短短数秒到一分钟的时间内，过于丰富的设定只会干扰粉丝对 IP 的快速认知。所以只取少女最容易受欢迎的活泼可爱的一面来进行塑造，是更符合短视频特点的选择。

@代古拉k

这么火的音乐，我来凑个热闹

▲ 用抖音扫码即可播放视频

一旦确立了人物设定，就不能轻易改变。在该 IP 日后的选题制定过程中，要始终考虑是否与设定相符，排除掉一切与之相左的部分。通过一定时间内人设高度一致的内容渗透，不断强化粉丝对 IP 的印象。

例如：代古拉 k，人物设定是一个有着治愈系甜美微笑、爱跳舞的小姐姐，在她每条视频里除舞蹈之外，甜美微笑都是重要的点，不会去增加其他表情，这也让粉丝很清楚明了地知道她的特点。

（二）前提 2——深入了解粉丝群体，把握粉丝定位

一个策划者要时刻关注粉丝特点，对粉丝的来源、人群分布、年龄分布都要了如指掌，从而明确“为谁拍摄内容”，做到有的放矢。比如众多以 20 岁以下女性为粉丝的小鲜肉 IP，就是充分考虑到了少女对阳刚男士容易产生排斥，而较容易接受性征不太明显，与自己更接近的男性形象。

而对于粉丝基数较少、刚起步甚至准备起步的初创 IP 策划者来说，粉丝的定位就要走在前面。结合账号自身特点进行人物设定的同时，要充分

考虑到该人物设定主要面向的粉丝人群。从粉丝的视角重新审视设定中的元素，去掉一些目标粉丝不容易接受甚至排斥的设定。从一开始就使自己的 IP 对特定群体有充分的吸引力，加上持续以粉丝定位进行策划输出的内容，能让相应的粉丝群体毫无招架之力。

以粉丝或者说用户来定位内容的方式早已被充分地验证有效。远有猫王、披头士，近有 20 世纪末期至今风靡全球的 KPOP，全球流行文化数十年的更迭都是一次又一次用户定位更迭的产物。可以说，掌握粉丝群体的特点，在迎合粉丝口味的前提下不断微创新，是在不断变化的流行文化中立于不败之地的法宝。

例如：刘宇，典型女粉居多的小鲜肉，每条视频明确“我是为谁拍的视频”，在音乐的选择、动作的设计、造型的装扮上都是为了贴合粉丝群体的喜好。

@刘宇

#听说你没见过雪 正巧此处飘雪 不知可否邀卿共白头

▲ 用抖音扫码即可播放视频

二、建立选题库

建立选题库看似是一个很高深的复杂工程，但其实所谓选题库就是选题素材库与选题思路模板的一种结合。而建立选题素材库是其中最基本也是最重要的部分。这与其说是一项工程，不如说是一个良好的习惯，分为三个步骤。

（一）记录

在日常生活或者工作当中，要随时保持敏感的选题感应能力。看到的舞蹈、电影中的桥段，听到的音乐、段子，生活中引发共鸣的内容……只要觉得有意思就马上记录下来。记录不能是单纯地收藏或者抄写。更要记录当时的想法——为什么会认为该内容值得记录，是素材中的哪一点使你产生共鸣。这种共鸣往往是一闪而过的灵感。如果当时没有记录，日后查阅时可能无法再回忆起来。

同时对于抖音制作的从业者来说，日常有计划地刷抖音也是必不可少的积累手段。与常人往往只关注自己感兴趣的话题不同，从业人员不能将观看范围限制在自己感兴趣的话题上。除了关注与自己所持有的 IP 类似的主题以外，还要多从不同类型的作品中去学习经验，才能够融会贯通。在策划时也许通过一次不同领域的嫁接就能呈现出耳目一新的效果。有计划地刷抖音，将有创意的内容保存下来，是最直接的素材获取方式。另外，在观摩同行作品时，不要仅凭数据来判断一个作品是否有价值，一些暂时没有获得过多关注的作品，往往也存在一些独特的闪光点。这些闪光点或许因为与之搭配的其他部分不够出彩而没有得到很好的曝光，但经过专业人士的借鉴和重组，就能焕发出绚烂的光彩。

（二）分类整理

经过一段时间的积累，自己的选题库中往往会堆积起五花八门的素材，等到使用的时候根本无从下手。定期对选题库中的素材进行分类整理就变得非常重要。每周至少对已有素材进行一次分类整理。添加不同的标签，如段子创意、舞蹈动作、拍摄方式、穿搭造型等。这一过程不但能为以后快速检索创造极大方便，还能够使自己定期理清创作思路，加深对各个素材的印象，使自己在策划时能够快速地激发灵感。

（三）再思考与二次挖掘

我们有了良好的素材收集习惯和定期整理习惯后，还要定期对整理好的素材库中记录的思考内容进行复盘梳理。由于我们的认知和创作能力在工作中不断地提高，很多首次记录时的想法和观点角度，在梳理时都会有变化，进行定期梳理能够让你从素材中挖掘出更多有价值的内容。

在分析同行作品时，要养成逆向推导的习惯，思考同行在创作优秀内容时经历了怎样的策划过程。这种逆向推导非常有利于策划能力的成长。我们从积累的素材当中挖掘的段子、动作、音乐都只是皮毛。只会运用皮毛进行创作始终是东施效颦。而逆向推导能够帮助我们解剖出优秀素材在策划时的思考方式，这才是能够长期提升自己策划能力的关键所在。

@牙尖熊猫侠

#我是台词大师 谁能告诉我熊哥最近为啥不理我？我好像……没有得罪他吧？——猫…

▲ 用抖音扫码即可播放视频

当然，俗话说“三个臭皮匠顶个诸葛亮”，在进行二次分析时，与多位同事一起展开头脑风暴，会大大提升工作效率，有利于发现个人视角盲点中隐藏的“珍宝”，同时也能在这一过程中提升整个团队的能力与水平。

例如：熊猫侠将生活日常、热门音乐段子、热门影视剧桥段收集起来进行推理分析，结合自己的人设进行二次创作，令人耳目一新。

将以上三个步骤固化为长期的良好习惯是建立选题库的重点。有多个策划者的孵化企业，更需要从制度上建立起集体素材收集、记录、分类整理、讨论和分享的机制，通过同事间的头脑风暴来最大化选题库机制的收益。

通过严格执行并将以上步骤常态化，假以时日，我们的选题素材库就会结出丰硕的成果。这时候搭配选题思考模板，以正确的方式运用选题素材库中的素材，整个选题库机制才算是完整的。

三、选题思考模板主要分为三个方向

（一）热门再创造

抖音上每天都会产生众多的热门话题。对热门话题进行再创造，不但能趁势分享热度，还能结合热门突出自身的特点，给粉丝以新颖的感觉。这就需要我们在进行热门再创造时先对热门视频进行分析。考虑其是否符合自身的人物设定，如果不符合，那么就要去发掘一个符合自己 IP 设定的切入点。切忌原样照搬模仿。

找寻到切入点后，对该热门中的优秀视频进行进一步的分析，罗列出对应自身 IP 的优劣势对比，以便在策划方案时能够扬长避短。

完成了以上步骤之后，就可以从选题素材库中相应的分类中去寻找灵感。选题素材库越庞大，策划者使用的次数越多，对素材库越熟悉，就能越快地从中汲取到灵感从而创造出优秀的作品。

（二）热点创新

在热点事件、热点亚文化中找到符合自身 IP 设定的切入点，以自己擅长的表现形式进行创作和演绎。如能够结合抖音当前的一些热门话题进行“1+1 > 2”的组合，则更加理想。

一些热点事件是突然爆发、不可预知的，这就需要策划者时刻关注各路媒体，用自己敏锐的嗅觉去发掘热点，养成对每一个热点进行再创作可行性分析的习惯。

另一些热点是我们可以预判的，比如国庆节假日、开学季、毕业季等。这就需要策划定期制作一定周期的热点日历，在热点发生之前就进行相关内容的构思策划。

（三）进行标签化内容原创

原创是一个相对的概念，人类文明发展至今，已经很少出现绝对原创的表现形式，更多的是从不同角度去解构现有的模式。所以当我们的素材库积累起一定规模以后，策划者会发现在进行内容原创时，难度大大降低。这就是因为通过大量的素材积累和分析，创作者的思维广度被大大提升，创意能力自然也就提高了。但需要注意的是，在进行原创时，切忌每期内容之间风马牛不相及，使自己的 IP 缺少一个统一的标签，不利于粉丝的辨识和记忆。在进行原创内容策划时，总是保留一个相对统一的标签，可以是主题范围、造型，甚至魔性的声音 slogan……总之是一个让粉丝快速识别记忆，并利于传播推广的标签。

选题机制的建立，虽然核心在于素材库的积累分析习惯，但在运用素材库进行选题创作时，优秀的IP人物设定和准确的粉丝定位是重要的前提，离开了这两个前提创作出来的内容往往像脱线的风筝一般漫无目的。

在选题创作时多进行对比分析，多从积累的素材中汲取灵感，妥善利用思考模板从多种角度进行创作。经过一段时间的磨合，把整套选题机制加以固化，那时选题就不再是一件让人焦虑到脱发的难事了。

四、头脑风暴后的“一片狼藉”

头脑风暴简单来说就是人们在面对问题或者说预防问题时的一种集体讨论方式。大家提出问题，集思广益，使创意点更加符合受众需求。但是在一个头脑风暴结束以后，驳杂的观点和新兴的创意使得我们不知如何去取舍。每个人的观点都不错，但是把所有的点子和创意融合在一起是不现实的。假设实现了融合，那么这个创意还是那个有着独特个性的创意吗？我们是不是还要继续再一次头脑风暴呢？这样会陷入一个死循环。

为了避免头脑风暴后的一片狼藉，首先我们要真正认识“头脑风暴”。

它是为了解决问题的。所以在提出意见的时候要有可执行的方案。我们要学会辨别什么是好的意见和创意，也要时刻知道我们的能力范围和资源的极限在哪里。同时，我们无论怎么讨论，一定要注意围绕中心，不能偏离。

作为一个策划者和执行者，收拾“风暴后的一片狼藉”首先要进行分类。创意中力所能及、能够实现的归一类，不太能实现的归一类，待定一类。然后理清第一类中，有没有互相冲突的？比如一个策划案可以做成未来感的，也可以做成生活化的。这两个点都可以实现，这时就要去预估一下完成时间、消耗资源、预期效果等。做一下对比，挑选出一个相对合适的创意和方案。剔除掉的方案我们放入待定区。

最终，形成初步方案。在对这一方案的完善中，就用到了待定区，你可以在里面寻找启发和刺激二次创作灵感的东西。如此，我们进行一次又一次的整理、汇总、分类和延展。最后得到的就是一个趋于完美的策划。

之所以很多人觉得头脑风暴过后，对自己没什么帮助是因为创意是很多，优秀的点子也不少，但感觉自己的脑子更加混乱了。本来清晰的思路，经过大家各种各样想法的碰撞变得模糊起来。其实我们面对源源不断的灵感，应该保持一个旁观者的视角。接受但并不全盘吸收，要靠自己的理解来取其精华。

面对头脑风暴后的狼藉，我们需要的是整理、归纳，把那些所谓的狼藉和思维垃圾，变成养料和资源，而不是让“狼藉”变得更加“狼藉”！

第四节　抖音创意真是拍脑门想的吗

一、拍摄时间真的越长越好吗

（一）魅惑的一分钟权限

在确定了选题之后，我们即将进入下一个阶段——精修内容创意。在这个阶段，我们需要把视频脚本的细节加以明确，比如参演角色、情节、每个镜头的时长、需要使用的道具等。

很多人可能会有这样的想法：企业抖音号既然天生就具有了拍摄一分钟视频的优势，那么每次不把这个优势利用上岂不是很亏？仿佛每个视频不拍满一分钟，就出不了爆款似的。

诚然，抖音拍摄一分钟视频是个高级功能，一般个人的抖音号，需要达到一定粉丝量级才能开通，而认证的企业抖音号直接就可以开通使用了。但是，在这里要强调一下：抖音视频能否成为爆款，能否为企业抖音号增粉，并不是由视频长度决定的。

以某官抖七夕节视频为例，看上去有着叙事完整的剧情，就像是一部微网剧，拍满了一分钟的时长。但是视频数据是怎样的呢？点赞 46 条，评论 3 条（其中 2 条都是不喜欢视频）。相信这个数据曾让运营者很费解——

为什么如此完整的叙事、用心的编排，最终却遭到了用户的冷遇呢？

从视频中我们可以看到，运营者是想借女主角对男主角从误会到释然的反转，为品牌活动做推广。整个视频的台词对话非常多，却没有能引起用户共鸣的梗，大大增加了尬演的感受。

（二）关于视频创意的两个要点

关于视频创意问题，运营者需要记住以下两个要点。

1. 前 5 秒法则

如果视频在前 5 秒内没有亮点，则基本宣告了视频的失败。

因为抖音的信息流切换特性，让用户更换“节目”的成本极低，他们没有耐心看的内容，轻松一动手指就可以 pass 掉。

道理很简单：如果你花钱买了票去看一场电影，那么即使是烂片，你也很难做出中途离场的决定，因为你付出了金钱成本。但是刷抖音时，你使用的是时间成本。当你完全可以选择自己喜爱的视频内容时，你愿意付出更多的时间成本去看一个不吸引你的内容吗？

2. 5 秒反差法则

是指你需要在视频的不同时段（最好是每隔 5 秒内）设置反转点，对用户产生反复不断的刺激，吸引用户从头到尾看下去，对你产生持续关注。

在微博短视频的时代，可能是相隔 30

▲ 用抖音扫码即可播放视频

秒，有一个惊喜即可；但是在抖音的环境里，可能5秒你就得有反转、有反差，因为用户没有那么多时间等你。要想吸引用户一直看下去，这个反转点及其之前的铺垫要设置得巧妙一些，要让用户产生期待，让他不知道你下一秒会做什么。

这个视频，就是遵循了上述两个法则，虽然总时长不到半分钟，但每秒钟的内容都没有赘述，每秒钟都没有浪费，不断吸引着用户的注意力，直至看完整个视频。该视频收获了18.9万点赞、3025个评论、3277个转发。

二、爆款七大方法论

下面借鉴定位公关专家“快刀何”的研究，为大家分享抖音“爆款七大方法论”。

（一）模仿法

1. 随机模仿

看见什么视频火，自己照样子拍一个，比如海草舞、地铁里抓手。

2. 系统模仿

找到对标的账号、IP，抖音内外均可，分析其经典桥段、套路，不等它在抖音火，就模仿拍摄一个。

@冯提莫

TA发了一个抖音短视频，快来围观，不好看算我输！

@糖二果

#火星人扭起来！ 你们要的海草 海草 海草……… 来了😂😂😂

▲ 用抖音扫码即可播放视频

（二）四维还原法

第一步：内容还原。把热门视频用文字描述一遍。因为在展开过程中，无数细节会被记录并展现出来，信息量得到完整呈现。

第二步：评论还原。看看抖友们，看了这个视频是什么反应。

第三步：身份还原。通过对受众、点赞回复用户的身份反查，找到他们是谁，他们关心什么，他们为什么关心这个爆款视频。

第四步：策略逻辑还原。这个视频是给谁看的？主流用户是谁？发什么给他们看？

@杜子建

孩子是否能有所成就，父母的培养很关键！

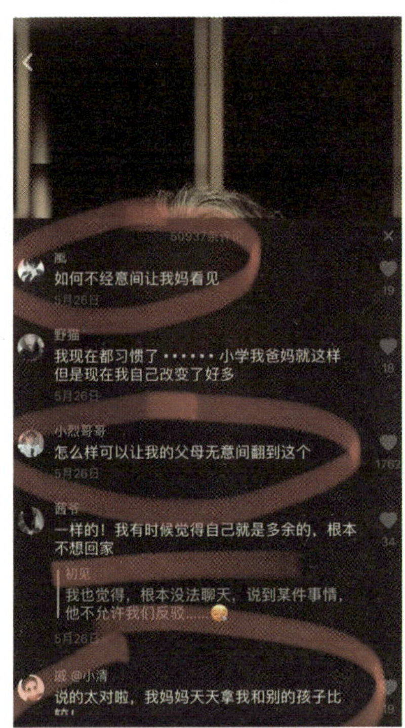

▲ 用抖音扫码即可播放视频

（三）场景扩展法

目的是：在明确目标用户后，围绕目标用户关注的话题，迅速找到更多内容方向。

比如上面那个视频，通过第二种方法可以推断出用户多数是 10 ~ 18 岁的孩子，那么就可以进行如下扩展：

（1）画出 9 宫格；

（2）以孩子为核心，列出 8 对核心关系；

（3）再以 8 对关系为 9 宫格核心，画出 8 个常见的、最好有冲突的沟通场景；

（4）基于 8×8=64 个场景，每个场景规划 3 段对话。

比如做家务：

①拖地对话；

②洗碗对话；

③洗衣服对话。

角色之间的冲突关系，会在每一个场景里体现出来。

（四）代入法

先给主题构建一个“代入法”的场景，可以让团队在这个“画框”内，不断代入各种元素，实现轻松创意复制。

比如卖车。大家可以想想，卖车有哪些环节好玩、有趣、有冲突：

（1）发传单可以有冲突——花式发传单。

（2）顾客电话邀约有冲突——顾客的花式拒绝，顾问的花式勾搭。

（3）到店接待有冲突——新来的小姐姐这样接待客人。

（4）询问讲解有冲突——难缠顾客的花式提问。

家长	家教、阿姨等家庭角色	老师
爷爷、奶奶、叔叔、阿姨等家庭角色	10~18岁孩子	校长、主任等校园身份
兄弟姐妹	别人家的孩子	同学

上学	吃饭	家庭
家教	孩子和家长的场景	做家务
出游	孩子买东西	购物

▲ 场景扩展法示例

@懂车帝App

#我变脸比翻书还快 懂车小剧场：每个人都值得被尊重，眼睛看到的不一定是真的...

▲ 用抖音扫码即可播放视频

（5）价格谈判有冲突——顾客这样砍价，没有见过；或者翻转过来，如何去4S有效砍价；当你砍价的时候，销售顾问心里在想啥……

（6）交车仪式有冲突——如何交车有“仪式感”？换着方法来体现顾客交车的尊贵……

（五）翻转法

翻转生对比，对比生反差，反差生情绪能量，情绪能量生动作冲动。

以本视频为例，简单来看“翻转法”，无非是：

（1）找到一种参照——吃西餐；

（2）用最反差的方法来表演这种参照——吃馒头；

（3）界定翻转时间点——前翻、中翻、后翻；

（4）为翻转动作取一个“翻转感”的好名字。

此法对于增加点赞量，确有奇效。

@卫龙辣条
生活不能没有仪式感！

▲ 用抖音扫码即可播放视频

（六）嵌套法

嵌套法的目的，是用来解决抖音视频可能出现的3个问题：

（1）信息量单薄；

（2）用户缺乏吐槽点；

（3）视频缺乏耐看性。

那么如何实现嵌套呢?

（1）制作一个故事脚本；

（2）制作第二个故事脚本；

（3）通过一个嵌入点，把第二个故事脚本嵌入第一个脚本；

（4）如此循环往复，直至无穷……

（七）刺激动作法

@CAMEL骆驼

#咱俩真“合拍”！ 这版本还没人拍的吧

▲ 用抖音扫码即可播放视频

所谓的刺激动作，就是用技巧刺激用户产生看完整个视频、重复播放视频、点赞、评论、关注等利于视频二次推荐的行为。

（1）最后一句更精彩；

（2）看到最后一幕我哭了；

（3）结尾简直不能相信；

（4）5个方法，第5个太绝了；

（5）有这6个特点，你就老了……

动作/动机	好奇	情感宣泄	自我肯定	害怕失去	其他动机
播放	重播钩了刺激				
点赞		自我认同刺激			
评论			答案刺激		
关注			身份认同激励	后续内容刺激	

▲ “刺激动作法”流程

刺激宣泄型评论，办法是刺激情感阈值，让他痛，让他乐，让他感动……

刺激答案型评论，是让他看见问题，让他有答案，让他自己发答案到评论上。

还可以放个钩子——故意设置槽点，比如魔术视频故意留下小 bug；美女视频中故意留下不显眼的提示联系方式的地方……

@😈薛老湿

#但是我现在很高兴 感恩。爱你们。@Mr.three @咻咻咻小5 @芮丹尼-Danny...

@大脑门贾宝玉

#请别在乎这些话 心态很重要！豆芽们乐观对待💪

▲ 用抖音扫码即可播放视频

三、“四有”原则

关于抖音内容创意，除了上述两个时间相关法则、爆款七大方法论可以借鉴之外，我们还要关注“四有”原则。

（一）有用

即指用户通过看你的视频，能够收获一些东西。比如感受、知识、认知观念，甚至是兴趣。用户愿意持续关注能带给他们收获的账号，并能保持对账号内容更新的期待感。

▲ 小米商城视频展示（来源：抖音 App）

▲ 用抖音扫码即可播放视频

“小米商城”把其3H内容中的标签型内容，设置为“有用”类型的内容，长期稳定输出拍摄教程类视频，截至2018年10月，“小米商城”已稳稳收获了243万粉丝。

（二）有趣

抖音官方曾给出数据：“轻松娱乐”类的视频内容，占到平台热门内容的25%，位居所有视频类型的首位。这一方面是因为抖音年轻用户居多，另一方面也是因为抖音用户利用碎片化时间观看视频的需求使然。当然，这里的“有趣”指的不是低俗，而是传递一种乐观、积极向上的生活态度和幽默感。

“美团外卖”这个视频，用男员工一人分饰两角的趣味手法，配以抖音热门合拍功能的使用和轻松的BGM，收获了10.2万赞、701个评论、122个转发。

@美团外卖

#美团外卖 魔性经典，小哥哥全身都是戏～

▲ 用抖音扫码即可播放视频

（三）有性格

“性格”代表的是企业的品牌形象，“性格”要鲜明，最忌模棱两可。

比如“adidasneo”的性格就是“爱运动”，那么它的视频内容里就充满了对运动生活的展示和倡导。

比如“黑鲨游戏手机”的性格就是“爱玩游戏”，那么它的视频内容里肯定就少不了各类热门游戏的搞笑录屏、攻略玩法。

（四）有价值观

“有价值观”指的是账号内容所体现的价值观，与目标用户群体的价值观形成契合，能够获得粉丝的认同。

@美团外卖

#正能量 今天给你送餐的人，也许就是这个正能量故事的主人公！@桔猫超人 @青…

▲ 用抖音扫码即可播放视频

“美团外卖”的这个视频，用动画的方式，展示了真实发生的外卖小哥救火事件，满满正能量，收获了 13.1 万赞、1393 个评论、525 个转发。

这“四有”原则，至少满足一个，你的账号内容才称得上是对用户有价值。

第五节　如何引爆用户燃点

近两年，短视频成为互联网行业的风口，随着移动终端和4G的普及，短视频逐渐获得各大平台、粉丝和资本的青睐，越来越多短视频创作者的加入，让短视频影响力越来越大。

不仅如此，从图文到视频，用户的阅读习惯也在发生变化。更多人愿意看“竖屏视频”而非“横屏视频”，且据MOVRMobile的报告显示：智能手机用户有94%的时间将手机竖版持握而非横版；英国调研机构Unruly的一项调查显示：52%的手机用户习惯将屏幕方向锁定为竖向。

竖版视频已成为不可抵挡的潮流。从国内外互联网市场上的视频应用来看，无论是国外的Facebook快拍、Snapchat的发现频道、Instagram的Story功能，还是国内的抖音、快手、美拍、微博故事等，都有一个共同的特征——竖屏。

竖屏比横屏视频面积扩大了3.16倍，视觉效果从9∶16变成16∶9，充分契合了用户习惯的变化。随着全面屏手机时代的到来，主动将手机横过来播放全屏广告的用户越来越少，比起横屏视频来说，竖屏广告无论从发挥空间、还是展示内容、还是表达视觉设计理念上来说，将更有优势。

图片来源：《竖屏广告创意指导手册》

从上图可以看出，横版广告在竖屏持握的状态下，画面大概位于屏幕中间三分之一的位置，而竖屏广告则自然地铺满整个屏幕，更有视觉冲击感，容易抓住用户的注意力。

竖屏时代，对于品牌来说，想快速抓住用户的注意力实现营销转化，有五大创意法则是制胜法宝：用户燃点法则、人设担当法则、内容原生法则、算法亲和法则、电梯时间法则。

这一节，我们就来说说“用户燃点法则”。

什么是“用户燃点法则”？

通过研究平台当下的热门内容、热门音乐、热门事件，创作出能让用户产生亲切感的共鸣视频，或者将热门挑战的内容进行创意延伸，用别具一格的内容吸引用户。

如何让更多的用户在短时间内产生共鸣？

视频内容注重平等对话，兼具趣味性；创造可模仿的内容，激发用户扩散。

一、平等又有趣的内容长什么样

以往电视广告片（TVC）常用的教育式口吻已不适用于如今的短视频语境，只有让人感觉到平等对话，才更符合抖音平台的调性，快节奏、轻松搞笑、娱乐性强的视频更符合年轻人的口味。

数据显示，音乐、抖音特色的反转剧、创意、美食等内容题材具有更高的互动率，音乐、舞蹈、段子演绎等广告植入方式相比于纯广告，有效播放率提升了 53.7%；平均单次播放时长占比提升了 45.6%；完播率提升 139.2%；转发率提升了 10.7 倍；评论率提升了 23.9 倍。因此，生活化、娱乐化的内容题材更符合竖屏平台的语境和用户偏好。

@竖屏广告头号玩家

抖音V-UP竖屏广告创意大赛入选作品：被甩过 层次才会够【百事可乐】

▲ 用抖音扫码即可播放视频

“拉面就像人生，被甩过，层次才会够”是这条百事可乐的广告标题，镜头从面粉切入，展示了一碗色香味俱全的红烧牛肉拉面是如何被“甩”成的。

视频用拉面被“甩”才会有口感，来暗喻人生需要摔打才能成器，充满幽默感的比喻一改说教的腔调，更容易获得年轻人的认可，在平等对话的语境下，带出广告语“人生百味，搭百事就对”，巧妙将百事可乐的广告融入到视频中。

为了体现轿车空调制冷系统的强大，在视频开头，女主吐槽男主大热天抠门得连个雪糕都不给她买，结果男主把空调打开、风速调到最大后，前一刻还热成狗的女主，下一刻穿着羽绒服、带着棉帽出现在镜头中，跟嘴唇冻得发青的男主抢围脖。

抖音特色的爆笑反转剧情，让汽车品牌植入变得更有温度。

花旗告别传统的推卡广告模式，将抖音热曲《萨瓦迪卡，欢迎大家》歌词改编，用“萨瓦迪卡，刷我滴卡”作为歌曲开头，让出镜的小哥以正式的着装，配上妩媚的表情和身姿唱出热曲，推销花旗银行卡，爆笑中加深年轻用户对品牌的好感。

@竖屏广告头号玩家

抖音V-UP竖屏广告创意大赛入选作品：极致冷风体验？【瑞风】

@竖屏广告头号玩家

#竖屏广告创意大赛 V-UP比赛第二季入围作品 刷我滴卡【花旗】

▲ 用抖音扫码即可播放视频

二、用户愿意主动转发的内容长什么样

竖屏视频要考虑短视频平台的语境，善于结合短视频平台上的一些热梗、特效、工具和技术流玩法，让内容更好地融合平台的调性，低门槛让用户愿意跟进模仿。最终目的是实现内容的自发性裂变传播，成为爆款。

拿着棒棒糖、甜甜圈的男生一脸可爱状跑来，但视频拍摄者说“你走吧，我妈不让我跟你玩。”结果在小哥哥转身的一瞬间，拍视频的人看到了小哥哥背在身后的卫龙辣条大礼包，吃货人格爆发，连忙喊了句“哎，你回来吧，我爸让我跟你玩”。

@竖屏广告头号玩家

抖音V-UP竖屏广告创意大赛入选作品：我妈不让我跟你玩【卫龙辣条】

▲ 用抖音扫码即可播放视频

“你走吧，我妈不让我跟你玩……”是抖音上非常流行的一个热梗，因为模仿门槛低，很多素人跟风拍摄相关视频。卫龙辣条的这条广告植入不仅引用了这个热梗，拉近了品牌和用户距离，还在热梗上发挥创意，设置了反转剧情，让这条竖屏视频更有看头。

Dura 舞最火时，抖音首页推荐流中几乎每刷几屏就有人用这首歌当 BGM 跳舞，逗趣的舞蹈动作、洗脑的魔性音乐都让人忍不住跟风模仿。美团外卖的抖音账号就抓住了这波热点，一人一袋鼠出镜跳 Dura 舞，让品牌

趁热收割了一波流量。

短视频最需要的就是内容创意，汇源为推销新品，用情景代入的方式，描述坐在办公室里的小哥喝完一口果汁后如身处果园，感受大自然带来的轻松之感。

燃力士通过“抖音式动作剪辑＋抖音日漫热曲《无限大》”的组合，将男朋友为避免去女朋友家迟到一路狂奔的场景，通过定格动画的趣味摆拍，让用户看到后会心一笑，产生将视频分享给他人观看的冲动，实现品牌推广目的。

@美团外卖

#周末 今天天气真好~ 一起跳支舞庆祝周末吗？😎

▲ 用抖音扫码即可播放视频

@竖屏广告头号玩家

#竖屏广告创意大赛 V-UP比赛第二季入围作品 【汇源】

@竖屏广告头号玩家

V-UP比赛第二季入围作品 特效【燃力士】#竖屏广告创意大赛#

▲ 用抖音扫码即可播放视频

国家广告研究院院长、中国传媒大学教授、博士生导师丁俊杰曾说：“从‘短广告’做成‘长广告’容易，但是将‘长广告’变成‘短广告’而且还是‘竖广告’，看起来似乎很容易，做起来是有挑战的，相对很多机构更擅长娓娓道来讲故事而言，在十几秒之内要快速传递品牌信息，让每一帧画面都不能浪费，这需要更高明的创意技巧。”

第六节　如何面对面撩粉

本篇解析的是“竖屏营销创意法则”中的“人设担当法则”。

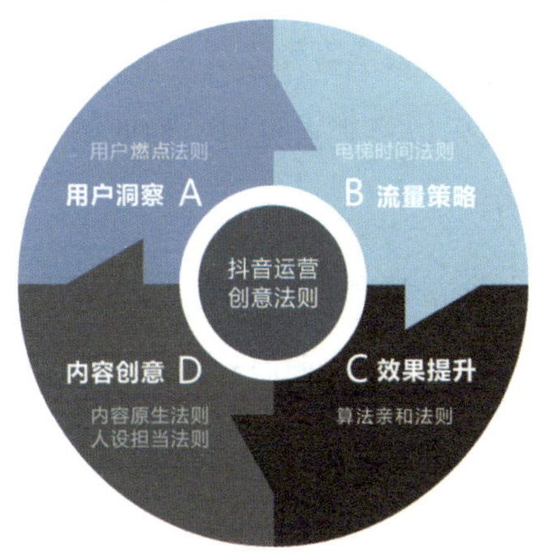

▲ 抖音运营五大创意法则

所谓“人设担当法则”，即企业官抖先“塑人设”，再让这个“人设”以主人公的视角叙述“亲身”的经历或者是“亲眼”看到、“亲耳”听到的事情。

一、为什么要使用“人设担当法则”

为什么在抖音短视频上，要使用“人设担当法则”？在传播方面又能带来哪些优势?

在竖屏时代，用户经常看的内容都是带有人物和现场感的。无论是游戏还是短视频，第一步都是创建、引入角色。

游戏中有“角色系统”，可以对外形、性别等元素进行设置，在短视频中就是“塑人设”——突出人物特性，以便能更好地运用到短视频中。

比如“抖腿荒”就是一个内心戏丰富、自带 BGM 的 boy，这让他取得了游戏抖友的喜爱。

有了出色的人设、赢得公众喜爱之后，采用主人公视角，以第一人称口吻分享自己的喜怒哀乐以及观点见解，如此阐述产品或服务的特征、性能、优势更有说服力。

“人设担当法则”通常都会使用这样的“套路”：以主人公的视角讲述故事发生的时间、地点、人物、原因、结果。

通过鲜明的性格、率真的表达、真实的场景、动人的故事塑造亮眼的人格化形象，最终在潜移默化中提升品牌认知、实现品牌价值主张。

二、能否达到预期的营销效果

使用“人设担当法则”能否达到预期的营销效果呢？第三方咨询机构知萌统计了抖音后台 7 大垂直领域 30 个品牌 150 个短视频广告的投放效果数据，对比分析后发现：

“明星与红人 KOL 极具代入感的表演能力，会带来更加高效的广告触达；包含明星、红人 KOL 的视频创意有效播放率平均提升了 60%。同时，使用主人公视角的表达相对于其他表达方式在点击率上平均提升了35%，有效播放量提升21%，平均单次播放时长占比提升28%。”

也就是说使用主人公视角表达的抖音短视频能提升点击率、单次播放占比、有效播放率三个指标，而且都能达到两位数以上的增幅，相比其他表达，营销效果优势非常明显。

在“人设担当法则”的应用上，明星、红人KOL带来的效果远超素人及普通群众，因此企业如果有相关资源一定要人尽其才、物尽其用。

数据显示，在抖音中真人出镜特别是明星、红人、高颜值小哥哥和小姐姐出镜能获得更高的关注，视频效果也会更理想。

在抖音平台上有很多表现力极强的红人及各行各业的KOL，同时已经有超过1500位明星入驻。每一个红人、明星的背后，都聚合着一个力场，吸引众多拥有着共同标签的人，因为兴趣、爱好而集合在一起。

找到了自带粉丝和流量的明星和红人KOL，也就找到了与目标用户沟通的桥梁，能够快速提升品牌认知和信任度。

Admaster平台数据也显示：2017年有63%的品牌重点通过网红、KOL进行品牌营销、推广。品牌投放中，红人KOL的占比高达69%。因此对于企业来说，选择与品牌理念契合的明星、红人，去实践“人设担当法则”能迅速聚拢粉丝，带来流量。

三、如何应用“人设担当法则”

在应用“人设担当法则”方面，还是有一些窍门的：

@adidasneo
千玺亲自教你严肃舞步
#生来好动#

@adidasneo
#时尚集训营#@Dear-迪丽热巴“声”动教学成为热巴一样的cool girl

▲ 用抖音扫码即可播放视频

以抖音短视频上独有的原生广告产品“挑战赛”为例，我们来看看“人设担当法则”是如何应用的。

玩法通常是抖音红人示范一段带有品牌信息的教程视频，让用户来模仿。

目前抖音上粉丝过百万的品牌蓝V——adidasneo，已经将“人设担当法则”玩到了炉火纯青的地步。

该品牌蓝V已经发起#时尚起来没完没了、#我要一个脑洞抱等一系列活动，拍了50多部适合抖音风格的竖版广告视频，选用易烊千玺、郑恺、迪丽热巴等明星作为主角，以第一人称展示产品、强化品牌形象认知，从侧面展示adidasneo“生来好动”的品牌理念。短短几个月，adidasneo就积累了百万粉丝，视频最终播放量超2亿。

2018年下半年，阿迪达斯推出了全新ZNE3.0系列，需要一些活跃度较高的明星及达人帮忙“带货”，在粉丝营销方面继续使用了“人设担当法则”。邀请品牌代言人宁泽涛、Angelababy、郑恺、邓伦等发起挑战邀约视频，迅速引爆粉丝参与热情。

阿迪达斯还挑选了一批符合品牌调性的

达人，包括 @ 金九粒、@ 颜如晶、@ 大王、@ 罗西等发出创意挑战视频，引导不同圈层用户参与互动，激发抖音全站用户的创作热情。

品牌官抖内容有三大套路：代言明星背书、KOL 体验以及员工日常展现。要想取得好的效果，均需符合“人设担当法则”。

总之，抖音已成为品牌营销的主阵地之一，“人设担当法则”在品牌曝光、粉丝运营、商业化变现等各个环节都多有助益，值得企业官抖研究采纳。

第七节　如何巧植品牌信息

在竖屏化思维下，想要快速抓住用户的注意力，竖屏视频需要从用户洞察、创意点的挖掘开始，完全按照竖屏场景来打造。因此，视频的每一个镜头都需要考虑与竖屏环境的适配性，并考虑如何与用户场景更好地融入。

“内容原生法则”的意义，在于用生活化的场景展示产品，使产品具有亲切感，让用户更认同，同时在视频中巧妙植入品牌信息。

▲ 拍摄时需要展示生活化场景

抖音官方发布的《竖屏广告创意指导手册》中提出：据亚太地区 MetrixLab 研究发现，当一款产品在实际应用场景下展示其特点时，更能引发消费者对该产品的兴趣，并产生购买欲望，Facebook 在这方面做得便很好，它的广告无论从数据，还是从内容上来看，都能很好地贴合品牌，使品牌知名度扩大。

统计数据显示，用生活化场景展示产品内容的视频比纯粹的促销广告点击率提升了 1.34 倍，其中有人物的视频，比没有人物的视频，点击率提高了 71.45%。

如今传统形式的广告越来越难获取受众注意力，所以竖屏广告的内容必须精品化，在有限时间内，将有创意、有意义的内容表现出来，并尽可能让视频具有故事性。

碎片化时间下，人们不愿意耗费时间看生硬而纯粹的广告，从创意角度看，如果不能将产品或者品牌信息巧妙地展示，就无法适应短视频的媒介属性。因此，竖屏视频不能拍摄成 TVC，不能冗长拖沓，要考虑品牌与内容的巧妙结合，与用户的生活场景深度互动是竖屏视频要去思考的。

那么要创作竖屏视频，巧妙植入品牌信息，可以从哪些方面入手？

一、注重用户体验，营造生活化场景

奥利奥这条广告，使用的是《Creepin' up on you》这首英文歌的前奏部分，熟悉的“one，two，one，two，three……”英文单词配上节奏鼓点，率先吸引用户注意力，随后视频画面定格在两个人为吃一块奥利奥饼干你争我抢，生活中这美好的一瞬间，青春气息扑面而来。

京东 TOPLIFE 的 15 秒广告，使用了抖音上最热门的合拍功能、分镜切换、虚实结合等近十种拍摄技巧，既展现了产品“一点多触”的效果，

@竖屏广告头号玩家

抖音V-UP竖屏广告创意大赛入选作品：慢慢靠近【奥利奥】

@竖屏广告头号玩家

抖音V-UP竖屏广告创意大赛入选作品：每日改变在这里【京东TOPLIFE】

▲ 用抖音扫码即可播放视频

体现出品牌调性，又满足了用户生活中切实的需求。

国美的销售活动，以父亲节即将到来作为背景。视频讲述女儿想让父亲挑选喜欢的礼物，结果付出了人力、物力、时间依然没能挑选到合适的物品，最终因为听到了国美销售活动，父女俩赶到现场，在短时间找到了最适合父亲的礼物，生活气息浓厚，让观众更有代入感。

立白这条营销视频采用抖音上的技术流方式，展现“立白天然皂液2倍加强去污力，还你洁净世界”的广告标语。炫酷的特效满足平台用户的观赏口味，在短短几秒内锁定受众。

@竖屏广告头号玩家

#竖屏广告创意大赛 V-UP比赛第二季入围作品 国美4【国美】

@竖屏广告头号玩家

V-UP比赛第二季入围作品 立白2【立白】#竖屏广告创意大赛#

▲ 用抖音扫码即可播放视频

二、掌控剧情节奏，营造反转落差感

在小说中，故事有一环扣一环的设置，情节有跌宕起伏的变化，对于视频来说，掌控视频内容的节奏也尤为重要。

比如方特乐园的这条广告，视频讲述七舅脑爷的女朋友在他回家后，对他进行“工作和我谁更重要”灵魂拷问三连击。他对女友进行吐槽，将怨气级别一步步提高，最终到达爆发临界，七舅脑爷却宠溺地对女友表示自己今天工作都做好了，可以带她出去玩，完成反转，顺势在带女友游玩的地点交代中打出方特乐园的广告。

@七舅脑爷

#乐园还能这么玩 来，教你如何一句话回答“女朋友和工作谁重要”的问题！

▲ 用抖音扫码即可播放视频

对比反差是目前抖音平台上受用户喜爱的一种视频类型，这类视频充满了幽默感。熊猫侠用了欧莱雅洗面奶前后，从“老腊肉”秒变“小鲜肉”，前后形成反差，既让人捧腹不已，又突出了产品的特点。

家装类的品牌则可以借鉴这条抖音，视频讲述朋友来做客，看到家里精美华丽的装修，但是在朋友将家里各个位置的装修都夸了一遍后发现，主人的卧室大门紧闭，外边都装修这么好了，卧室一定更豪华吧？结果在打开卧室门后却发现卧室内砖石堆积，宛若装修现场，让人大跌眼镜，原来主人这次请的装修队只做了表面功夫。

视频展现出的场景，用豪华与泥泞、秀外却不慧中形成前后反差，此时植入家装类的广告，往往会事半功倍。

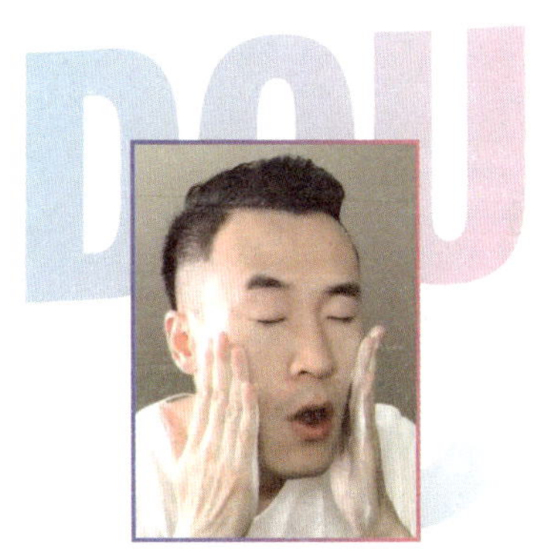

@熊猫侠

#我的欧莱雅 学妹们来报道了，你是被误认为老师，还是被当成学弟？就看你怎么…

@竖屏广告头号玩家

#竖屏广告创意大赛 V-UP比赛第二季入围作品 千百炼【千百炼2】

▲ 用抖音扫码即可播放视频

@竖屏广告头号玩家

#竖屏广告创意大赛 V-UP比赛第二季入围作品 小奶狗篇 【恒安】

▲ 用抖音扫码即可播放视频

同理，只要合理利用剧情反差，即使是一张湿巾也可以被玩出花样。恒安湿巾这条竖屏广告集抖音时下标签“小奶狗”“大哥”为一体，开头用笔画的纹身等元素突出大哥的霸气，大哥进屋后，画风却突然一转，助手拿出一张湿巾将大哥胳膊上的纹身擦掉，大哥抱起桌子上的一个布偶开始自拍卖萌，既突显出湿巾的实用性，又在轻松愉快的氛围中强化了“恒安湿巾能擦干净很多东西”的概念。

三、描绘美好蓝图，营造情感共鸣

这条广告主打公益，从孩子的视角切入，呼吁父母要关心孩子，陪伴孩子一同成长，在视频的最后，出现“你忙完了，孩子也长大了”，将品牌名称同步显示出来，引起用户的情感共鸣。

而 LEXUS 这条广告则通过镜头的剪辑，将人生比作旅途，展现了驾驶途中遇到的那些美好的风景，向用户描绘美好生活蓝图的同时，引出品牌的广告语“LEXUS，人生旅途的艺术”，提升品牌调性。

@竖屏广告头号玩家

抖音V-UP竖屏广告创意大赛入选作品：你忙完了，孩子也长大了【创维】

@竖屏广告头号玩家

抖音V-UP竖屏广告创意大赛入选作品：人生旅途的艺术【雷克萨斯】

▲ 用抖音扫码即可播放视频

这条景区视频，长春净月潭以不同季节中，相同位置、不同景色镜头混剪的方式，多维度展现景区的美，引人入胜。

燃力士为体现出“一款喝了就能燃脂的饮料”，在视频里展现了女生在吃掉各种高能量食物后，选择喝一口燃力士饮料，将饮料和减肥的概念进行绑定，引起女性用户的关注。

@竖屏广告头号玩家

V-UP比赛第二季入围作品 净月潭【净月潭】#竖屏广告创意大赛#

@竖屏广告头号玩家

#竖屏广告创意大赛 V-UP比赛第二季入围作品 美食篇【燃力士】

▲ 用抖音扫码即可播放视频

知名趋势营销专家、知名咨询机构创始人兼 CEO 肖明超曾表示：

“近两年以来，短视频异军突起，并从单一的休闲娱乐媒介变成了人们资讯获取、探索新知、提升自我和发现美好生活的平台。”他指出，短视频也为品牌带来了全新的营销界面和信息表达方式，从“长”到“短”，营销信息不仅要高度的浓缩，还需要能够适应用户在不同时间、空间中的内容消费习惯。“竖屏广告”不是简单的视频素材的拼凑剪辑，而是让广告“有温度”。当用户全身心投入在短视频平台上，一个竖屏广告的出现不仅要让消费者感到自然轻松、如沐春风，还要让用户感觉到品牌是在平等地与消费者互动和对话。品牌对竖屏广告在创意上的投入度，决定着竖屏广告的共鸣度。

竖屏广告不是广告，而是生活化的原生内容，通过精致的视频内容引领美好生活，才能让用户乐于接受。

第八节　如何高效触达、驱动用户

本篇解析的是“竖屏营销创意法则”中的“算法亲和法则”。

所谓“算法亲和法则”，即品牌方及内容创作者需要把握短视频平台的智能化技术，以达成优化广告或作品展现效果的目标。

一、传播：不患寡而患不均

目前以抖音为代表的短视频平台，大多采用了智能个性化推荐算法为用户推送内容。

个性化推荐的优势在于可以打破时间序列及空间限制，让内容遇见对应的用户，进而让志趣相投者相遇，这已成为社交平台的大趋势。

传统社交媒体通常的做法是给明星、网红提供一定的资源倾斜，并且以用户粉丝量、转发量等数据来决定作品曝光率。哪怕这些明星、网红只是发布寥寥几个字或者一张图片，都有可能上热搜。

而抖音则更重视内容，通过合理的推荐算法，让每个作品能获得相对平等的曝光机会。“不患寡而患不均”，也是抖音能吸引大批 UGC 作者入驻的原因之一。

具体来说，在视频发布的过程中，抖音会根据内容、文案、话题、地点（定位）、粉丝数、过往发布内容历史等数据，推荐给首批用户。获得首次播放完成度、点赞、评论及分享数据后，再根据效果，进行下一次推荐。

二、优化：更短路径更高效率

在内容分发方面，抖音遵循了整个字节跳动的“去中心化”原则。而智能分发（包括个性化推荐、文案优化等技术），则是实现“去中心化”的方式之一。

真正的去中心化传播，目的在于让优质的内容更易于流动，以原生视频为起点，制造内容爆点，吸引大批用户从围观到参与，在与品牌互动过程中增强对品牌文化的认知理解，从而拉近品牌与用户的距离。

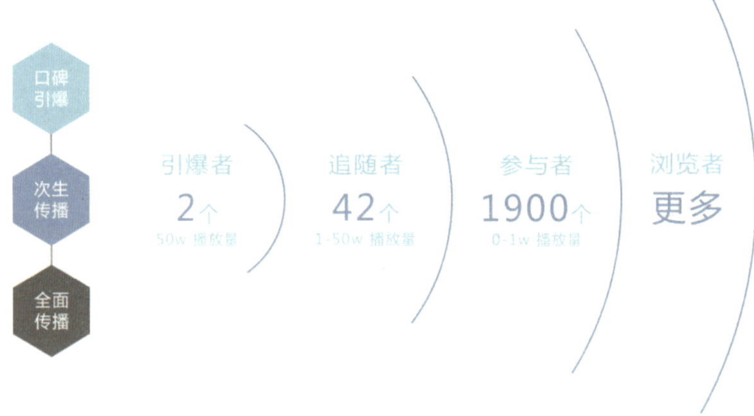

▲ CoCo 奶茶传播案例

CoCo 奶茶就是一个从口碑引爆，到次生传播，再到全面传播的经典案例：2 个引爆者成就百万播放量；42 个追随者成就千万播放量；1900 个参与者全网引爆，使产品卖到断货，还专门推出了抖音款奶茶。

这个案例也说明，抖音正打破传统的“看到—注意—兴趣—搜索—行动”的互联网品牌转化路径，让信息直接触达用户，具有更短营销路径和更高传播效率，从而提升传播效果，助力品牌营销提速增效。

过去品牌和用户之间路径很长，从最开始让他看到、注意到、喜欢你，到最后转化，中间有很多不确定性，但抖音上基本可以缩成两个关键点：触达、驱动。

基于这两个点，官方搭建了整个抖音的营销平台，“触达平台有云图系统去做支撑，分析数据，并且给流量管理和广告投放做支撑。驱动有星图平台做支撑，提供 KOL 的自动化管理。在中间是通过技术驱动和内容驱动的方式把品牌和消费者做关联。”字节跳动营销中心总经理陈都烨表示。

▲ 用抖音扫码即可播放视频

抖音智能营销平台就是帮助广告主实现品牌高效触达和用户高效驱动的系统化管理平台，旨在实现用户与品牌的双向互动与精细化触达。通过云图，广告主可以实现品牌资产的高效管理；通过星图，广告主可以实现内容资产的高效管理。

品牌高效触达方面，体现为合作

品牌数据对接、精准人群品牌展现、提升效率保证触达、智能反哺投放策略；用户高效驱动方面，则体现在海量聚合明星达人、持续输出优质内容、高效管理交易过程等。

因此，智能分发不仅引领着人们交流方式的升级，也重新构造品牌与用户的交流生态。一方面，品牌变身为内容创作者，成为关系链的组成部分；另一方面，品牌可以通过智能技术，精准触达用户。

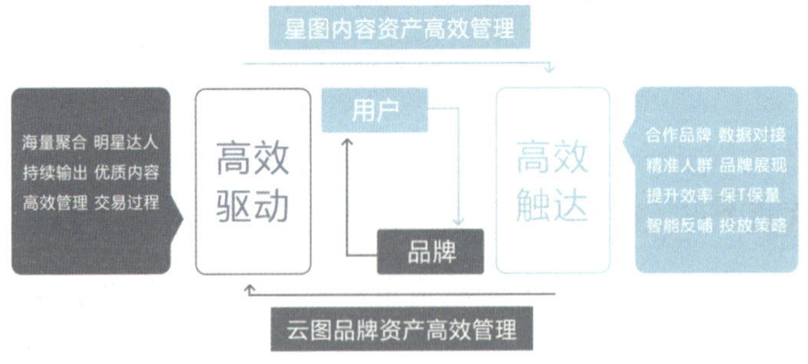

▲ 云图系统提供流量管理和广告投放；星图平台提供 KOL 自动化管理

三、干货：如何应用“算法亲和法则”

抖音给出了答案：巧妙设置文案，可以增强点击和曝光量。

很多用户通过标签来满足自己的心理归属感，标签可以直接体现在文案上。竖屏广告的创意要符合移动互联网时代的“标签化”趋势，没有好的标签提高辨识度，即使内容情节不错，吸引用户的概率也会大大降低。

无论标题是风趣易懂，抑或通过对比形成反差、用数据证明等，都需要合理呈现关键信息，达成精准营销。

调查显示，有文案的抖音视频更容易吸引观众目光，如何设计能吸引更多注意呢？可以采用以下方式：

（1）设置第一眼悬念，吸引观众好奇心。比如 Papi 酱：喝奶茶？我有无数个理由！（获赞 64.5 万）

（2）快速概括视频内容，为视频做注解，在文案中加入抖音话题关键词。比如人民日报：谢谢你们，逆风而行的人！（获赞 192.3 万）

（3）升华视频主旨，引发观众共鸣。比如萌芽熊童子：爱到最美是陪伴，爱到最深是成全！（获赞 342.4 万，8.2 万评论）

（4）增加互动性语句，引导观众进行点赞、评论、浏览主页等行为，可以带来引流效果。比如我的前任是极品：你能猜中哪个是一次成功的吗（获赞 152.7 万，评论 2.2 万）；再比如清华实验室看门小哥：清华博士汪的日常了解一下……主页有惊喜！（获赞 12.7 万）

四、案例：腰尾部品牌的逆袭

2018 年十一黄金周，抖音与快乐柠檬联合推出新品“半熟蛋糕珍珠奶茶”，要给粉丝送上一份惊喜的“甜蜜锦囊”，作为最好的礼物。

“甜蜜锦囊”获取主要分三步，第一步就是让用户在全国 210 家“快乐柠檬”门店，购买抖音与快乐柠檬推出的联名款奶茶，并在北京、上海、广州、成都、西安体验线下抖音风，还有隐藏彩蛋、尬舞福利、拍照打卡等多重福利。

撕开茶杯上的官方 logo，可以发现“你！怎么！这么！好！看！”“我可以踩你的 AJ 吗？”“能带我喝奶茶就好”（这个梗来自成都小甜甜）等隐藏彩蛋，同网易云音乐一年前刷屏杭州地铁的文案有异曲同工之妙。

这些来自用户以及网络的流行梗，或许会成为她们喜欢奶茶的原因之一——当买到奶茶的用户发现彩蛋，可能会触景生情，想起某个相识之人。

第二步，带定位拍视频，赢抖音周边。用户可到体验店拍摄一条属于自己的抖音短视频，再添加一个拍抖音的理由，即有机会获得惊喜大礼包。发布视频时点击定位、添加即可，活动话题挑战包括“对不起我们不熟”“可是，我想过两天去，怕忘记怎么走怎么办”等。

第三步，收藏地点！用户可以在视频上点击进入详情页，直接“收藏”，在“我的收藏”中就可以看到自己种草的地点，还可以去“同城”页面探索本地的更多吃喝玩乐信息。

在与快乐柠檬联动之前，抖音还引爆过“排队七小时”活动，并使答案茶在2018年上半年成为了茶饮界“第一网红”。

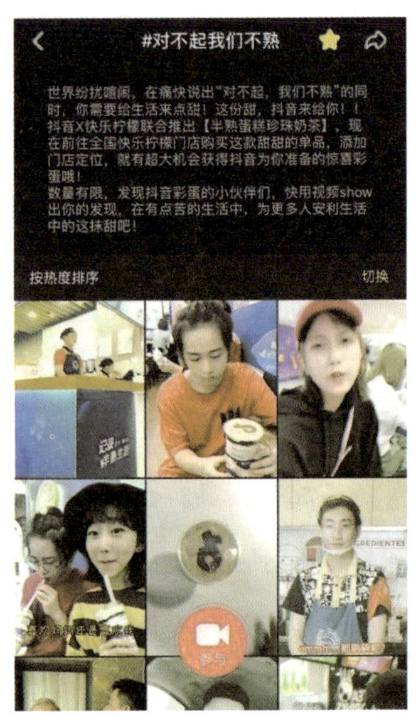

▲ # 对不起我们不熟挑战赛

《前任 3：再见前任》《后来的我们》等多部都市爱情电影上映期间，答案茶推出了“他爱我吗”“那个人知道我有多爱他吗”的占卜抖音视频，引发了年轻人共鸣，头条指数于2018年3月中旬到达高峰。

在抖音走红后两个月内，与答案茶相关的内容已在抖音上拥有超 4 亿点击量。四个月内，答案茶热依然不断蔓延，加盟店从 0 家猛增至 400 家，成为了抖音经典营销案例。

两个品牌的营销方式也非常相似，那就是抓住了情感困惑、学习或职场迷茫等痛点，让都市年轻人将这些困惑诉诸茶饮，达成用户与品牌之间的共鸣。

还有就是通过向用户提供一个低门槛的互动方式，激发每个人参与创作，让品牌实现从口碑引爆，到次生传播，再到全面传播的效果。

某外卖平台的“10 分钟老地方 21 楼”视频标题给人留有一种悬念，步步带入，吸引用户把内容看完。视频内容借用流行的“吃鸡装备”提高亲近感，引发用户对内容的兴趣，最后通过剧情反转推进的曲折程度，展示外卖小哥的神准时。

第九节　如何在 15 秒内完成病毒式营销

本节将带来抖音内容运营中“电梯时间法则”的解析。

所谓“电梯时间”，就是在一段广播电视、长视频、短视频节目中视听率最高、最能吸引受众注意力的时段。比如春晚的前十几分钟，NBA 的中场休息时间，短视频的开头几秒。

“电梯时间法则”的重点是品牌方必须合理把控内容的黄金时间，并在较短时间内抢夺用户注意力。

一、趋势：“电梯时间法则”显著提升视频传播效果

知萌咨询机构统计显示：

视频长度与消费者单次观看完播率有显著关系，15 秒内的视频相比于 15 秒以上的视频完播率提升了 96.3%，转发率和评论率分别提升了 3.03 倍和 5.45 倍，更高的完播率能够帮助品牌主更加完整地传播信息。

对于视频时长，国内的行业人士又是如何看的呢？ Cheil China（杰尔广告）前中国区执行创意总监龙杰琦称：“如果前 5 秒不吸引我的话我可能就滑过去，如果吸引我注意的话我会点开看。”

时趣互动 CEO 张锐则提到："抖音竖屏视频的前 5 秒有可能像是公众号文章的标题，所以前 5 秒到前 7 秒是最关键的时刻。"

字节跳动营销中心总经理陈都烨表示："广告时长缩短是不可逆的趋势，创意会越来越轻，但由于用户处于主动观看情景，品牌主需要将创意和互动有机结合才能有效推广。"

"电梯法则"来源于麦肯锡 30 秒电梯理论——凡事要在最短的时间内把结果表达清楚，认为真正好的广告应该能在 5~7 秒内抓住观众眼球，对产品的销售有帮助，而且能吸引观众花十几秒的时间把它看完。

抖音竖屏视频的前 5~7 秒，也已然成为品牌方完成病毒式营销的"电梯时间"，这也是视频行业的趋势。

二、"电梯时间法则"要满足的要点

虽然 5~7 秒可能很难传达太多内容，但谷歌思考及抖音后台的数据都证明，它能大幅提升品牌回忆、认知和购买意愿等。

问题是品牌方如何在更短的时间、更小的创意发挥空间内，打造一个病毒式营销方案呢？在短短几秒内吸引受众的注意力，有如下方案：设置悬念，吸引受众好奇；尽早告诉受众看完这条视频能够获得的收益；每隔几秒设置一处剧情反转……总之，需要通过一个吸睛的开头迅速获取用户注意。视频内容最好能满足有趣、有用、有品、有情其中的一种或多种特点。值得强调的是，企业官抖要想玩转"电梯时间法则"，切记广泛"撒网"，而是要定点聚焦，"小而透"远胜于"大而全"。

本书第二章第一节介绍了企业官抖“四象限”。首届“V-up 竖屏广告创意大赛”入围作品数据分析显示，这些视频在内容上无论偏向哪个象限，均遵循了“单一化”“少即多”的原则，具有较高的完播率和接受度。

比如卖点功能演示方面，建议品牌方只选择一个最突出、亮眼的卖点进行宣传，准确、深入传达用户想要的信息。空调“一天一度电”（节电）、汽车“百公里油耗不足 ×× 升”（省油）、手机“景深拍摄”（科技）……集中输出要点，加深用户印象。

对用户来说，可能本来就没有心情、耐心看完广告，抖音 15 秒内竖屏视频需要为他们带来“创意惊喜”。

对品牌主来说，15 秒内视频的极限时长有好有坏。好的方面是有利于提升广告的完播率，坏的方面是更短的时间意味着“抖”起来非常烧脑（考验创意）。

三、应用“电梯时间法则”，创意从何而来

目前，手机领域的小米、荣耀、oppo、联想，电商领域的天猫、唯品会、苏宁易购，汽车领域的一汽大众、一汽马自达、一汽丰田、北京现代等品牌都已入驻抖音。

这些品牌方又是如何应用“电梯时间法则”，并在短时间搞定创意的呢？本质上，品牌内容也是在“讲故事”。

以小米手机为例，小米公司制作了超过 100 条创意短视频作品，讲述了一个个“玩转小米手机”的小故事。

一些故事来自小米官网、京东、天猫等网站上用户的产品评论。这使得品牌与用户之间的沟通变得简单有效。

消费者的产品评价反馈已成为企业官抖短视频的重要创意来源。

当你在策划视频时被“讲什么故事”所困，花点时间了解目标客户（或潜在客户）的产品评价，研究用户对自家产品的看法，以及对竞品的看法，也许就能获得创意及灵感。

具体来说，你可以通过浏览电商平台的用户评论、媒体平台的留言区、评论区等了解用户反馈的信息。

举个例子，如果品牌方的产品是旅行箱，有至少三个以上平台可以去看看：天猫京东最畅销的旅行箱评论；今日头条头条号、微头条、悟空问答等平台上关于旅行箱的话题；在smzdm上关于购买第一只旅行箱的讨论等。

因此应用“电梯时间法则”时，可借鉴的一种方法是通过电商平台的评论、媒体平台中的反馈信息等，研究消费者心理，进而展开抖音创意策划，在最短的时间内吸引最大的关注。

（以上部分章节内容借鉴抖音《竖屏广告创意指导手册》）

@小米手机

要想在办公室崭露头角，别忘了给自己加这个飞行buff。

▲ 用抖音扫码即可播放视频

第十节 学会这些拍摄技巧，轻松超越黑脸 V

一、看似高深的技术流，你也可以玩得很好

（一）所谓技术流

技术流的概念起源于体育界，原本指体育运动中侧重依靠自身技术水平而不是依靠过人的身体素质和天赋来赢得比赛。后来引用到小说界，指的是作者描写的（人性、科学、理论、社会关系）深度。而在摄影中，则指的是用各种拍摄技巧、剪辑技巧，呈现出复杂的视频效果。

@孫肆輩

这款可好？前面这么快，能截到我吗？#白天使vs黑天使 #我的维密秀

▲ 用抖音扫码即可播放视频

抖音中的技术流，泛指抖音短视频自带的特效，用户们可以根据自己的需求，一键选择或者灵活搭配，根本无须担心操作复杂。打开一些资深抖音玩家的拍摄作品，看起来非常高大上，实际上拆解开来，也是把抖音上一些特效叠加应用而成的。比如：控雨特效＋延长特效＝雨神；控花效果＋延迟特效＝花神。

而抖音特效，还会与时俱进，常常加入新鲜的、潮流的元素。比如大火的《延禧攻略》，抖音推出各种娘娘款让抖友们纷纷跟风模仿。

如下图所示，栏目分为热门、最新、装饰、搞笑、新奇等，每一栏下方都会有几排特效供用户选择；

屏幕右栏有翻转、速度关、美化、倒计时、闪光灯等选项；

拍摄界面上有灵魂出窍、抖动、时光倒流等各类特效工具。

熟悉运用这些抖音的特效方式，轻轻松松就可以进入技术流的大门，那些存在于专业剪辑软件中的复杂转场特效、复杂加速语音特效、复杂消失特效，在抖音短视频里，轻松实现不是梦。

▲ 贴纸类型特效选择

▲ 拍摄界面功能展示

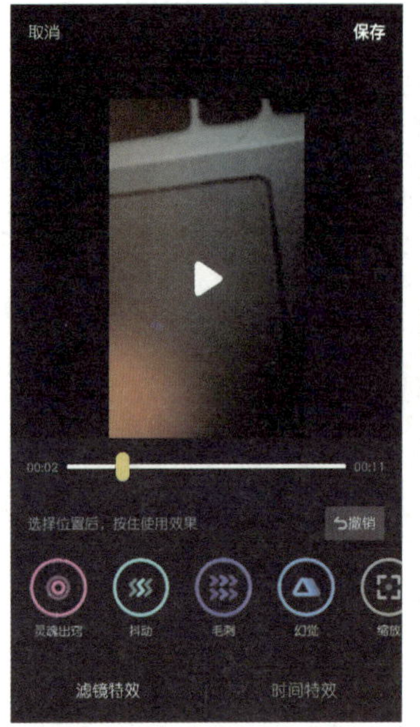

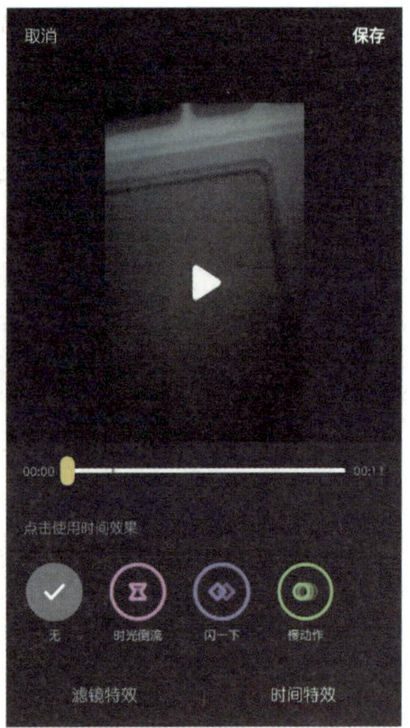

▲ 拍摄界面特效功能展示

（二）如何利用抖音技术流拍出大片效果

现以“控花”为例进行分析。

首先打开抖音，我们可以灵活利用抖音提供的各种各样的小道具。比如控雨、控花、各种美颜、萌拍炫酷潮流道具。这些道具品种多样，效果也很好看。

之后，在抖音视频里面，可以控制拍摄速度的快慢，一些比较唯美的文艺镜头，可采用慢镜头，一些搞笑的镜头则可以使用加快速度的方式呈现。

紧接着，在抖音上拍完视频可以选择特效、音乐、声音（包括视频原声和音乐声音）、封面、滤镜等。

然后，抖音视频特效有滤镜特效、时间特效。时间倒流就是在时间特效里面选取的，还有一些慢动作等都可以在特效上面选取。

▲ 技术流操作：选择热门道具，如控花、控雨、各种美颜等

▲ 技术流操作：采用“倒计时”功能控制拍摄速度

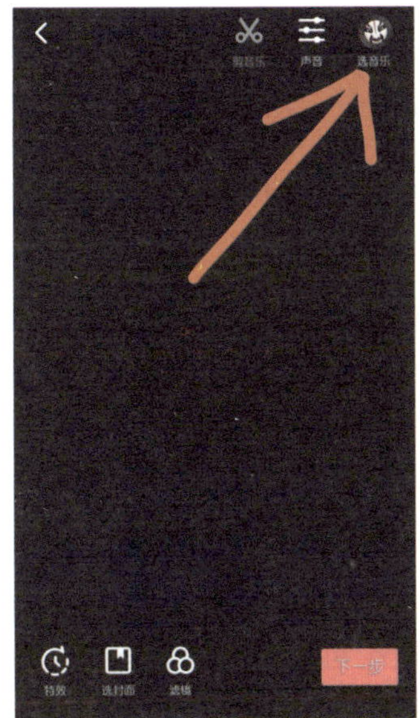

▲ 技术流操作：选择特效、音乐、封面、滤镜等

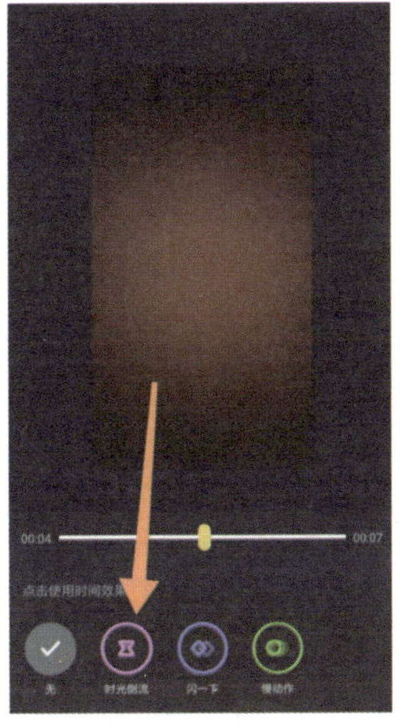

▲ 滤镜特效、时间特效演示，图为“时光倒流”功能预览

二、竖屏里的镜头艺术

抖音的出现,除了将短视频推向新高峰,更带火了一个名词“竖屏拍摄”,这种拍摄呈现方式,恰恰与传统的横屏形成极大反差,并引来业界关注。

然而短视频语境,不同于以往的电视广告片(TVC),已经从“权威教育”的语境,变成了“平等对话”的语境。如赞意互动创始人刘苏所说:“竖屏媒介环境,广告、品牌营销首先要符合消费者的心智和使用习惯,这是一个既定的前提。”这说明,“趣味性”成为用户们追求的兴奋点。

以化妆品牌麦吉丽投放在抖音视频上的广告为例,传统的横屏展示方式被摒弃,采用的是抖音短视频的竖屏。这种视频展示方式,优点有哪些呢?

第一,形象代言人占满画面,缩减了与受众的距离感,仿佛王丽坤就坐在我们旁边、又仿佛是王丽坤在与我们语音通话。这样能够降低受众的心理防线,让用户在潜移默化中接受广告信息。

第二,信息量增加。传统的横屏,字幕只能放在最下行,否则会影响整个画面的比例美,而这样就挤占了广告信息。但是竖屏却给广告信息预留了大量的空间,即便在画面下方弹出一个新的信息框,从整体上也不影响广告画面、代言人的展现。

除了有利于广告商,竖屏更容易创造出可模仿的内容,激发用户扩散,并形成规模效应。如从抖音上火起来的 CoCo 奶茶抖音配方正是通过大量的 UGC 视频跟风进入更大的推荐池。

▲ 横屏适合旅游推广、剧情短片、内心独白等视频内容

大量网红的跟风模仿，引发了CoCo奶茶在抖音上的火热，低成本的模仿方式,让更多的抖友们参与进来，又形成二次传播，所以注重内容“可模仿性”的竖屏广告，能让用户成为你内容的共创者和传播者。

当然，这并不是说横屏内容在抖音上就没有生命力了。抖音短视频的生存环境，是多样且多变的。横屏拍出的内容，放在抖音视频平台上，带着几分高雅。

上、下的黑色遮幅，像是早期的黑白电影，厚重而庄严。它所承载的内容，无论从质感还是播放视觉来看，都带有传统影视的基调。适合旅游推广、剧情短片、内心独白等视频内容。

横屏内容与竖屏内容，也可以结合，上、下的黑色遮幅可以更改为其他颜色的背景板，一般食物的制作视频和搞笑视频常常用此方式。以抖音网友拍摄的面包披萨的制作视频为例，中间部分是食物制作的视频，上面空出的部分是内容标题（面包披萨字样），下面空出的部分，可以承载更多信息也可以留白突出主题。

以抖音网友拍摄的搞笑视频为例，中间部分依旧是视频内容输出，而上面的黑色遮幅部分，被用来当作抖音网友的台词输出阵地并配上特殊字效，随视频主角说话同步播放，形成上下配合的一体化内容。

▲ 面包披萨制作视频

▲ 抖音网友拍摄的搞笑视频

无论外在形式如何变幻，本质都是内容支撑。抖友们想要拍出火爆的抖音视频，首先要坚持“内容为王”，再根据内容的需要选择“竖屏艺术”，一定能成为抖音高手！

第十一节　哪些抖音榜单数据能为你的内容赋能

这一节我们来看看有哪些抖音榜单数据，可以为自己的抖音账号进行内容赋能。

一、抖音热搜

抖音热搜由四部分组成：热搜榜、音乐榜、视频榜、正能量，四种榜单从 2018 年 7 月末开始陆续上线并逐步完善，提高用户使用体验。

（一）热搜榜

热搜榜涵盖了热搜关键词、热搜音乐、热搜梗、热搜新闻等内容，点击“查看热搜榜”，还能看到最新的抖音热搜榜单数据。

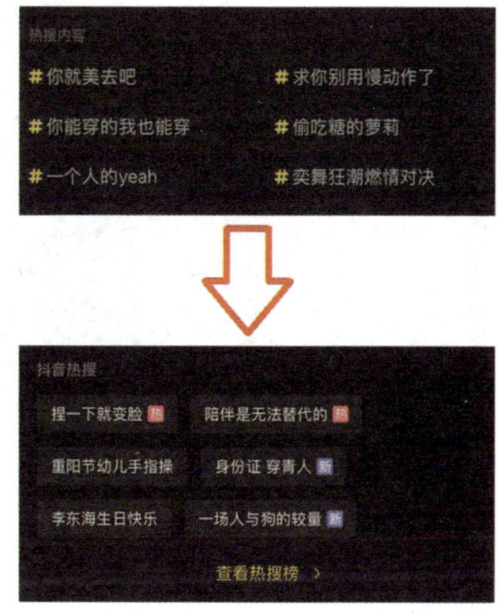

▲ 发现页热搜（来源：抖音 App）

从这张榜单可以看到目前抖音上的热度趋势，从挑战赛到关键词到歌曲，内容可谓“包罗万象”。单击任意一个热搜，则跳转回发现页面，并按照相关内容搜索，帮助用户节省了通过虚拟键盘输入关键词的步骤。

在截至上图的数据更新中，我们选取了排在前3位的热搜词，并根据这些热词搜出了如下内容：

1. “请对花海脚下留情”

▲ “请对花海脚下留情”关键词登上热搜（来源：抖音 App）

▲ 抖音热搜榜（来源：抖音 App）

园丁辛辛苦苦花费3年时间栽种的粉黛乱子草，形成粉红花海后免费向游客开放，却在3天的时间里被前来观看的游客踩踏至死，不得不割掉。不文明的旅游行为被曝光后遭到了网友们的一致谴责，“请对花海脚下留情”的关键词也在大伙的关注中登上热搜首位。

▲ “蹦迪式婚礼”调性与年轻人的喜好不谋而合

2. “蹦迪式婚礼”

十月婚礼扎堆举办，每家的流程都大同小异，于是一些另类新潮的婚礼现场视频流出，受到广泛关注。蹦迪式婚礼的调性与抖音上年轻人的喜好不谋而合，关键词爬上热榜的第二位也在情理之中。

3. “全明星版沙漠骆驼”

在搜索框中输入关键词时，系统按照匹配度最高的内容，搜索出与之相关的音乐、挑战赛、视频，并将它们全部展示出来。

通过热搜榜，企业号可以观察抖音平台上用户注意力的实时走向，蹭相关新闻的热度，让发布的视频能够得到更多曝光机会。

（二）视频榜

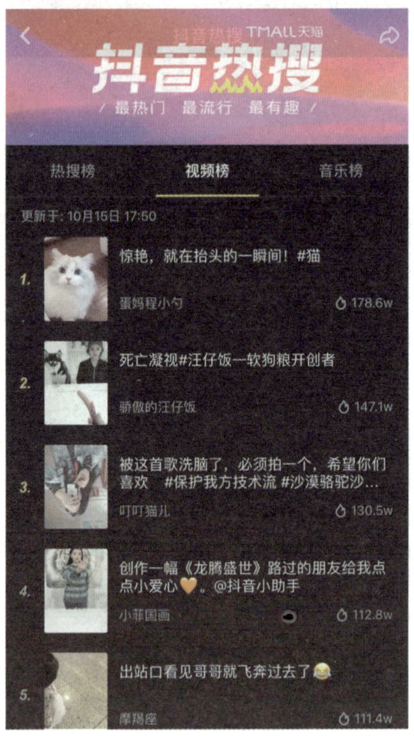

▲ 抖音热搜视频榜（来源：抖音 App）

与热搜榜一小时数据一刷新的频率不同，视频榜的刷新频率约为每 10 分钟刷新一次。点击任意一个榜上的视频，上下滑动屏幕，即可按照排名顺序挨个播放上榜视频，与刷首页推荐流的操作步骤一样。

截至上图获取时间，排在视频榜前两位的分别为：

主人用手机记录爱宠布偶猫的日常，因布偶猫的高颜值和萌属性，备受抖友喜爱。

哈士奇被主人套路，主人用一根香肠企图支开二哈跟朋友吃大餐，不料计谋被识破。

排名前三位的热搜视频中有两条都与宠物相关，可见在这一时段内，宠物类视频更容易冲榜。通过视频的热度排行，更容易捕捉到用户实时变化的口味。

企业号可以通过热搜视频的排名观察视频类型、借鉴精彩内容、研究镜头切换画面，为自己账号发布的视频带来质量上的提升，增加视频被推荐的概率。

@蛋妈程小勺

惊艳，就在抬头的一瞬间！#猫

@骄傲的汪仔饭

死亡凝视#汪仔饭一软狗粮开创者

@叮叮猫儿

被这首歌洗脑了，必须拍一个，希望你们喜欢 #保护我方技术流 #沙漠骆驼沙漠...

▲ 用抖音扫码即可播放视频

（三）音乐榜

▲ 抖音热搜音乐榜（来源：抖音 App）

热搜音乐榜每小时更新一次，展示当下抖音上最火的原创音乐，方便达人、用户获取实时的音乐风向标。

通过热搜音乐榜，品牌主可以了解抖音平台上时下最火的 BGM，借势热门音乐，增加用户对品牌的好感度。

（四）正能量榜

在截至 2018 年 10 月 23 日中午的数据统计中，前 4 位上榜的正能量视频分别是：

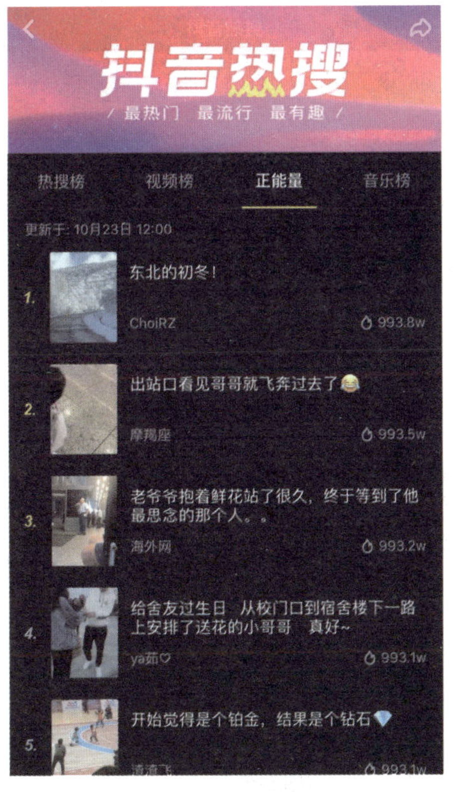

▲ 抖音热搜正能量榜（来源：抖音 App）

网友用手机记录下家乡的美景，让人眼前一亮。

妹妹出了站口就激动地飞奔向哥哥，画面异常暖心。

头发花白的老爷爷手捧一束花在车站迎接拖着行李箱归来的老伴，感动抖音无数网友。

在抖音，每天都有很多人记录分享自己的生活，从美景到美好的情感，正能量榜将这些传播美好的视频聚集起来，传递分享给更多的人。

在信息爆炸的互联网环境下，错过热词会让人有跟不上流行的感觉。

@ChoiRZ

东北的初冬!

@摩羯座

出站口看见哥哥就飞奔过去了😂

@海外网

老爷爷抱着鲜花站了很久，终于等到了他最思念的那个人。

▲ 用抖音扫码即可播放视频

对于热搜本身而言，它是统计了用户搜索、关注、浏览、点赞、转发、评论等数据后，通过算法处理，推送关注度、搜索量最高的新词、新视频。它是当下热点最具时效性的反馈，也是短时间内获取热点的便捷通道。

很多人在打开软件时，习惯先看热搜了解当下有哪些新闻、热点、大事，对于以算法著称的头条系产品而言，抖音热搜榜的上线，无疑提升了用户的体验。

热词具有一定导向性，因为排名的原因，越靠前的搜索关键词越容易吸引注意力。

对热搜榜的忠实用户来说，他们喜欢追潮流、了解流行趋势，并通过这种方式满足自己的社交需求；对达人来说，了解用户的搜索习惯可以帮助自己增加内容创作的选题，蹭热度来获得更好的推荐量和点赞数，增加视频的曝光率；对官抖运营者来说，他们可以通过创造热搜或者借鉴热搜词语达到品牌推广的目的。

二、数据机构提供的报告

以 2018 年 10 月中旬，第三方调研机构海马云大数据联合秒针系统发布的《2018 抖音数据研究报告》为例。

报告主要有三大部分，包括抖音平台全局、用户、内容研究，时间从 2017 年 7 月至 2018 年 5 月。其中抖音平台用户研究方面，又分为平台整体用户演化、头部内容生产者、纯素人头部内容生产者、跨平台头部内容生产者研究四大版块。报告提到，头部内容生产者方面，“网红、成熟

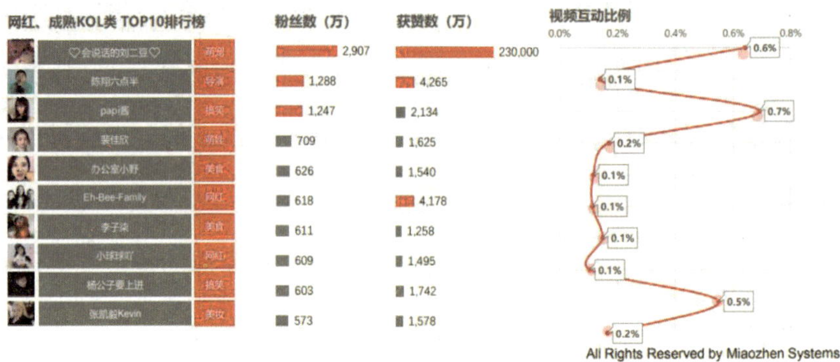

▲ 网红、成熟 KOL 类 Top10 排行榜。图片来源：《2018 抖音数据研究报告》

KOL 类 Top10 排行榜”依次为会说话的刘二豆（萌宠）、陈翔六点半（导演）、papi 酱（搞笑）、裴佳欣（萌娃）、办公室小野（美食）等。

Top10 榜单显示，萌宠博主会说话的刘二豆和段子手自媒体 papi 酱总体表现十分突出；网红 Eh-Bee-Family 在获赞与粉丝比例上走位妖娆。

报告显示，纯素人类内容生产者方面，头部素人集中在才华、搞怪、有颜任性类。技术流大佬黑脸 V 凭借其科幻创意视频获得超高点赞；小奶狗费启鸣撩粉技能炉火纯青，赢得粉丝积极互动。创意类和颜值类纯素人 Top5 中，黑脸 V 粉丝数最多，而虞乐 Joshua 的互动比例最高；颜值类费启鸣独占粉丝数及互动比例鳌头。排名第一的“黑脸 V”以剪辑、运镜等特效为主，网友正面评价比例高、无负面，吸粉能力强、黏性高、神秘、温暖、有才华是他的形象价值点。

但也有一些抖音达人的视频内容反其道而行之。比如“就酱子”就是

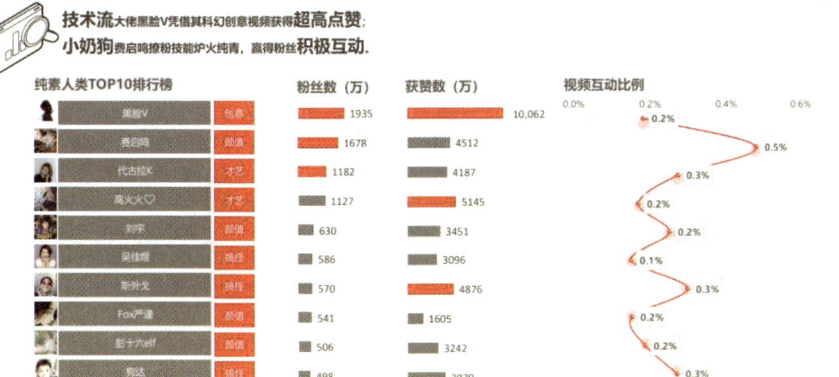

▲ 头部素人视频内容分类。图片来源：《2018 抖音数据研究报告》

以“扔东西”为创意，走零特效另类技术流视频玩法，截至 2018 年 10 月，粉丝数达到 136.4 万，获赞 792.3 万。

“扔东西”的创意来源于外网 Dude Perfect，“就酱子”团队发现这类内容在抖音上是一个空缺，迅速抓住了机会。而从市场的角度来看，零特效相关的内容也是极其缺失的。“就酱子”的团队成员有四个人，分别进行视频的表演、拍摄、策划和剪辑等工作。别看他们“扔东西”那么准，其实都是反复尝试才成功的。团队还

@就酱子

在直播三国杀，我们有多无聊😂

▲ 用抖音扫码即可播放视频

会经常发布一些“还差 × 万粉丝就到 300 万粉丝了”的文案，通过幽默感和制造期待感，让更多人参与评论，吸引粉丝持续关注，达成粉丝沉淀。

通过这种数据报告，我们可以清楚地了解到抖音上达人们在各领域中的排名情况，知晓哪种类型的视频更被抖音上的用户们欢迎。观察这些头部账号内容发布的特点，分析他们受用户欢迎的原因，有了标杆比对，就可以为自己的抖音账号提供参考范例，帮助自己适时根据风向标调整内容方向。

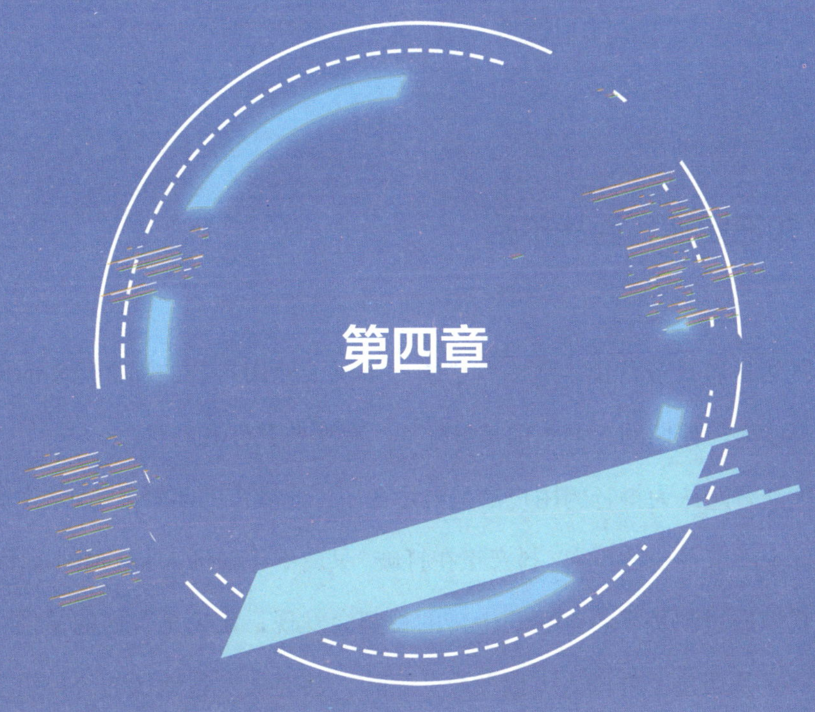

精准吸粉：抖音用户运营全攻略

第一节　是谁在跟你一起刷抖音

一、知己知彼，百战不殆

既然是做抖音营销，那么就必须了解每天使用抖音的那2亿多的用户都是哪些人，他们的人群画像是怎样的，有哪些共性和特性。

大众普遍认为抖音的用户都是居住在一二线城市的年轻人、大学生等，但实际上随着平台的扩大，抖音正在打破“只属于年轻潮人”这种刻板印象。

我们通过浏览平台上用户上传的视频会发现，无论是普通的情侣、上班族，还是明星、外国人，以及政务机构，甚至欠发达地区的公益组织，都在使用抖音记录着自己真实的生活。

从数据角度来分析的话，抖音用户依然保持着高知高学历的特征，35岁以下的用户占比90%，用户符合旺盛消费欲望的特征。

另外，在早期，大家对抖音的使用场景经常理解为只是填充碎片化时间，消解无聊。而实际上，随着平台发展、用户增多，社交价值凸显，抖音正在完成从碎片化时间驱动到行为化驱动的转变，众多的用户使用抖音不单单是因为无聊而打发时间，更是发自内心地热爱和追随抖音，渴望在抖音上发现美好、表达自我。和更多人进行互动沟通，已成为使用抖音的驱动力。

@丽江婷仔

#咔嚓，我们的青春在路上 我们丽江马尔代夫天气很棒哦@丽江的小智

@熊猫大侠

老奶奶好厉害

@Angelababy

下雨

@盐城交警

不要让交警给你亮"黄牌"，更不要让生命亮"红牌"。畅想世界杯，出行莫贪杯！

▲ 用抖音扫码即可播放视频

@liner

#乡村小学孩子们的日常 简陋的教室，我们也时尚一把，为乡村小学，大山里的孩子打call

@疯狂特效师

#疯狂特效师 擎天柱现场变形过程，你学会了吗？@抖音小助手

▲ 用抖音扫码即可播放视频

用户：从年轻到普世

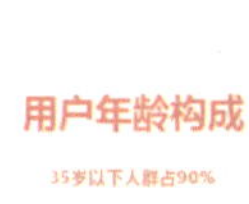

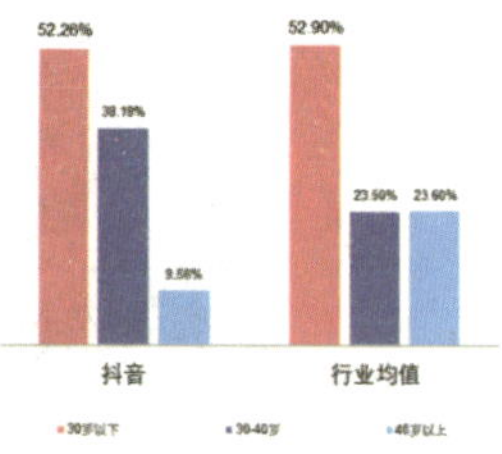

60%　本科及以上学历

▲ 抖音用户画像。数据来源：易观千帆、cnnic《第 41 次中国互联网络发展状况统计报告》、Trustdata2018 短视频趋势、云图

用户活跃时间偏移

抢占睡前高峰期

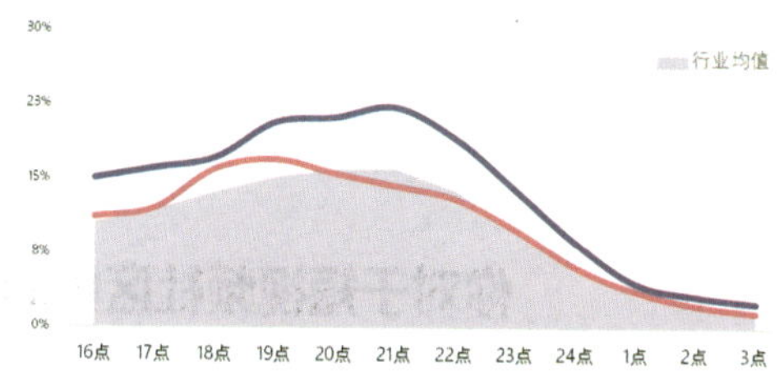

▲ 右图中红色曲线为 2017 年数据，蓝色曲线为 2018 年数据。数据来源：Quest Modbile Truth，2018.4

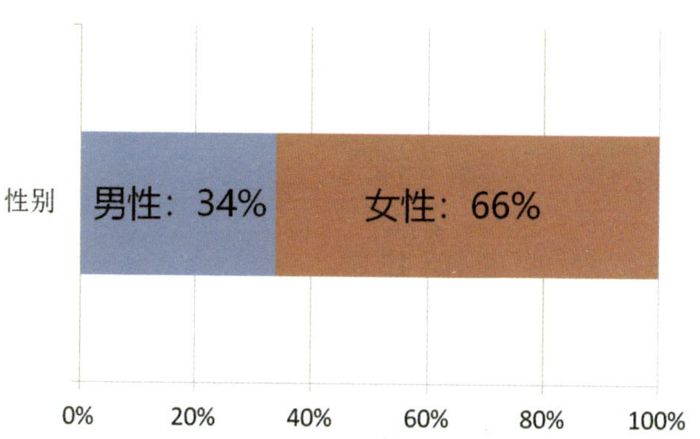

▲ 男女用户在抖音平台上的性别占比。数据来源：Quest Modbile，2018.1

对于抖音平台，用户更突出的认知是“有趣、很酷很潮、年轻”。

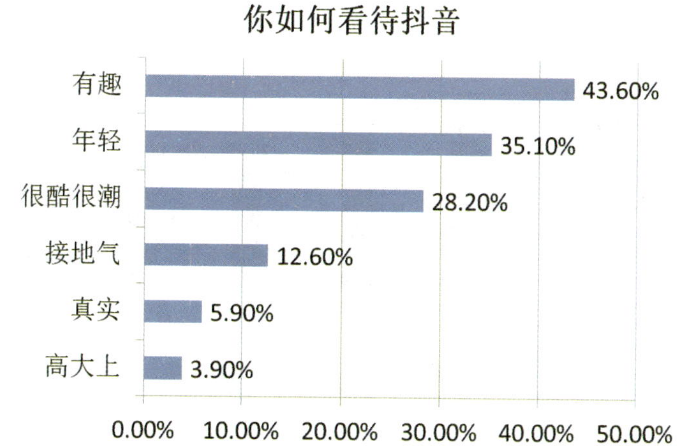

▲ 用户对抖音态度统计。数据来源：企鹅调研平台

抖音用户对于“创意有趣”“教程植入”的接受程度，明显高于“品牌/产品露出”。

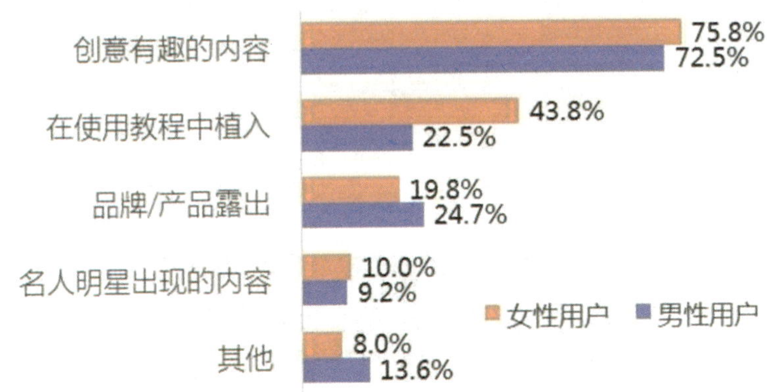

▲ 用户能接受的短视频广告类型统计。数据来源：企鹅调研平台

不同性别用户行为上，女性更多地把“睡眠、社交和看剧”的时间转移到了抖音；男性则贡献了更多的“看资讯和玩游戏”时间。

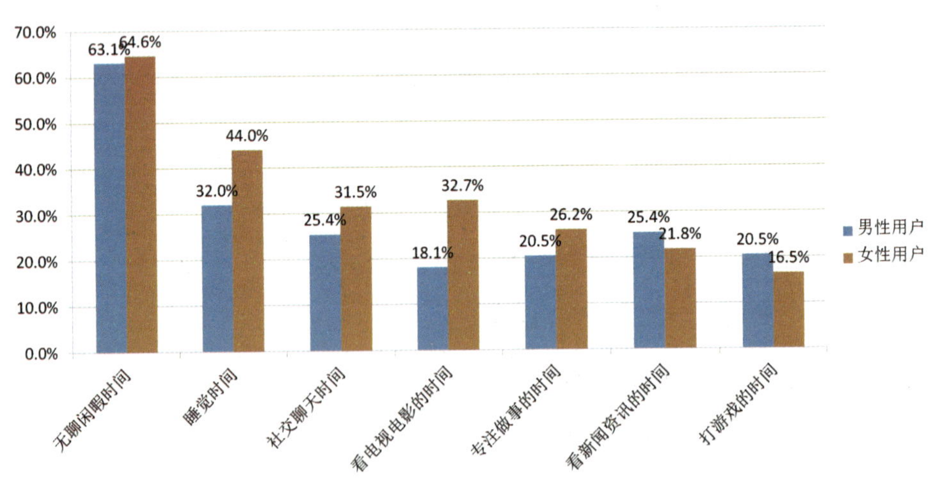

▲ 男女用户花费在抖音上的时间类别统计。数据来源：企鹅调研平台

抖音用户更倾向于刷机器推荐的视频，更愿意点赞和评论。

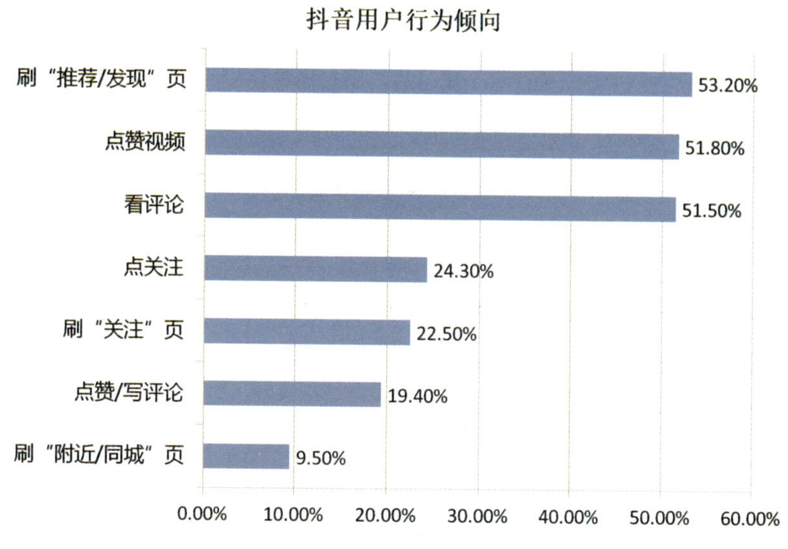

▲ 抖音用户行为倾向统计。数据来源：企鹅调研平台

抖音视频以创意和趣味内容为主，内容调性更易激发网友讨论。据企鹅智酷旗下“企鹅调研平台”的报告显示：超过90%爱看评论的用户表示，他们在抖音评论区主要看网友抖机灵和搞笑评论。

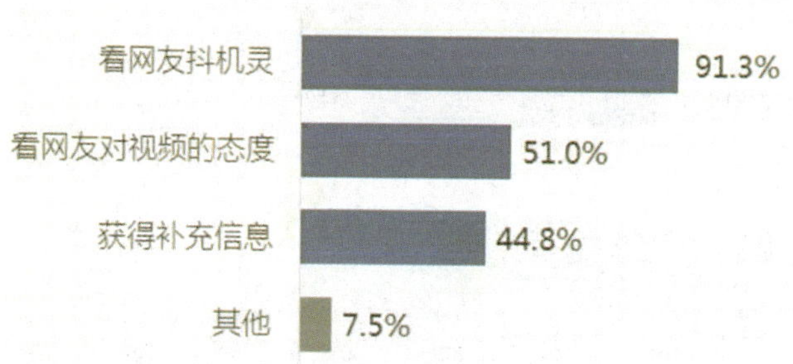

▲ 抖音用户看评论区内容原因统计。数据来源：企鹅调研平台

关注账号后，抖音用户刷其之前发的视频是比例最高的行为。用户因为关注账号而下载其视频中出现的游戏或 App 的比例也较高。

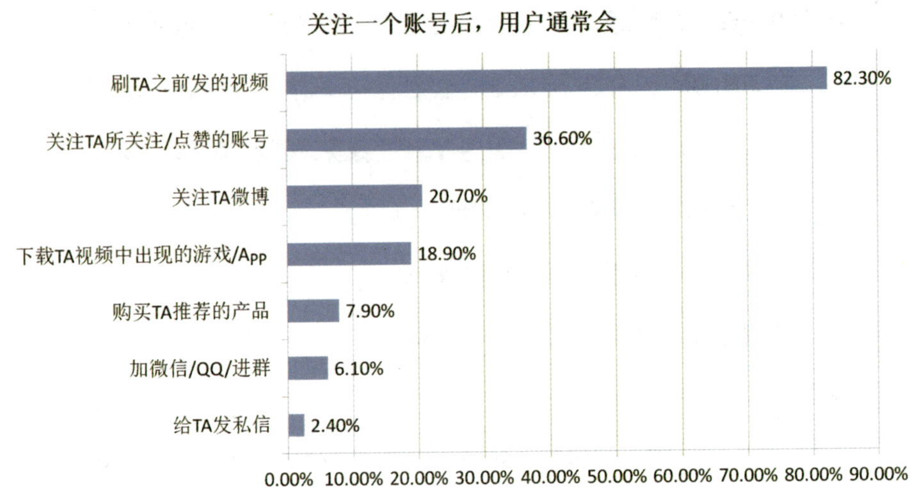

▲ 抖音用户关注一个账号后的行为习惯统计。数据来源：企鹅调研平台

由于内容本身的吸引力，以及抖音沉浸、直接的视频观看体验，让很多用户刷抖音“根本停不下来”。

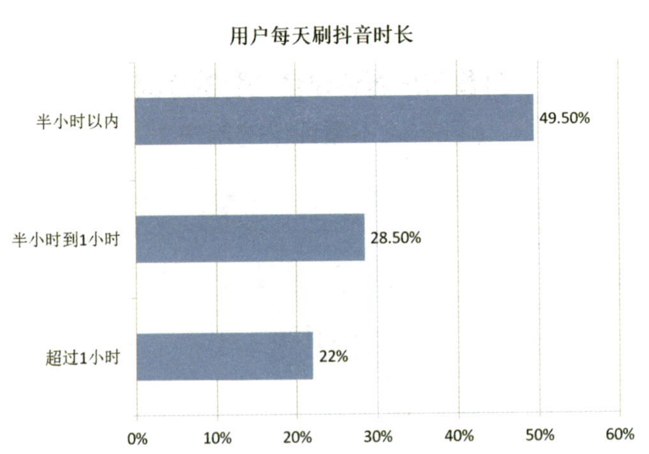

▲ 用户每天刷抖音时长统计。数据来源：企鹅调研平台

二、你的目标受众，在抖音上真正需要什么

整体而言，抖音用户的内容消费口味更偏“杂食”，但追求“有趣”题材内容的意愿仍高居首位：

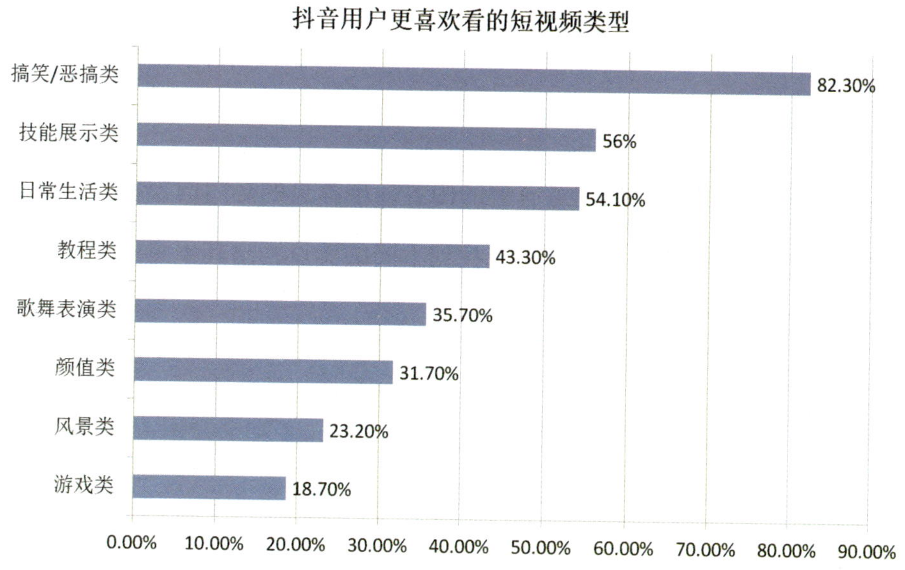

▲ 抖音用户更喜欢看的短视频类型统计。数据来源：企鹅调研平台

在愈加丰富多元的短视频内容中，男、女用户对内容元素的偏好表现出较大差异。比如男性比女性更偏好颜值类的内容，女性对于美食和萌娃的喜好远高于男性。宠物类内容男、女用户的偏好相当。

在搞笑、技能等内容类型更受欢迎的基础上，这些一眼即可辨认的吸睛附加值进一步降低了点击门槛，可为短视频带来更多的流量。

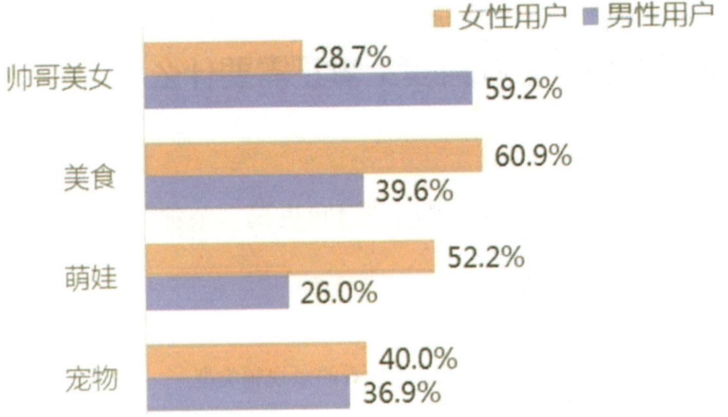

▲ 用户最喜欢抖音视频画面呈现出的元素统计。数据来源：企鹅调研平台

抖音重度消费者喜欢创意有趣的内容，推荐页的热门内容整体质量高更容易吸引点击。相似的套路也能找到不同的笑点，出其不意的反转格外吸睛。一刷就是 2 ~ 3 个小时很常见。

某位坐标天津的 90 后抖音重度女用户，每天使用抖音超过 2 小时。她主要通过刷抖音来休息娱乐：“那些时间不看抖音也是玩，还不如找点更有意思的事情。抖音上的视频很短又有创意。短视频 App 对于我来说就是调剂心情和打发时间的东西，它在情感上越打动我我越喜欢。”

她更喜欢热门和创意的内容：“决定我看不看一个广告的因素是点赞多少，点赞多的我才会看，但就算会看我也只会看广告视频的前面一点点，因为我觉得抖音的广告和抖音的内容不太搭，抖音的视频是很逗乐很有意思的，但抖音的广告就很直白地介绍卖的东西。”

——来源：企鹅智酷用户访谈

看了上面所有的数据、分析和访谈后，你是否有所触动和思考？你能否自己得出一些建设性的结论？

的确，抖音已经火了一段时间了，强大的流量效应吸引了越来越多的企业入驻这个短视频平台收割红利。

但是，迄今为止，绝大多数企业抖音号的运营情况并不理想，很多都是处于关注度极少的状态。究其原因是很多官抖都没有真正想明白——你的目标受众在抖音上需要什么，他们为什么要关注你。

在此我们总结了由抖音用户真实需求所推导出的 5 种关注动机以及触发方法：

（1）满足快乐——提供笑点；

（2）满足好奇——提供谈资；

（3）学习效仿——提供参照；

（4）解决问题——提供知识；

（5）自我实现——提供观念。

以上提供的 5 种需求理论，不妨作为参考，让你的企业抖音号真正被用户需要。

第二节　抖音互动力场的奥秘

一、互动不只是评论

抖音作为一个社交短视频平台，定位于“记录美好生活”。用户不仅是围观者，还深度介入互动——点赞、评论、转发、拍摄视频参与话题挑战、合拍、抢镜等。

在抖音，用户形成了以自我为中心的互动力场，向周围360°发散扩张。

在这个力场中，有的用户在消费短视频的同时也开始生产自己的内容；还有部分用户在观看短视频的过程中通过点赞、评论、分享等方式对内容进行次生、全面传播。

抖音让用户进入内容生产端，更多是想通过互动力场完成用户情感的链接、分享，进而实现普惠价值生产和创造。

最初，抖音通过平台的强链接功能构建了一个互动力场，就像一个聚宝盆，吸引、聚集用户的注意力，在媒介竞争中获取规模化市场。

随后，为了提升用户黏性，实现价值共创，抖音又构建了一个情感互动、分享的网络空间。短视频引发的一系列互动、分享等行为，可以分为两种场景：

其一是 PGC+UGC 创作者、网红达人和普通用户之间的互动，具体行为表现为用户点击（播放）、评论、分享，创作者回复、改进，再传播；其二是用户之间的互动，具体行为表现为这些用户基于同一个或多个话题、挑战赛、视频产生围观、讨论、转发等情感交互。

这种高参与、高传播的交互行为在无形中提升了用户对平台的黏性，在提升用户体验的同时，也进一步点燃了他们参与价值创作的星星之火。

所以，若简单将抖音用户的互动行为理解成“发评论”，那么实在是低估了用户互动的潜在价值。运营一个企业抖音号，我们需要理解和引发的用户互动行为还有很多。

二、如何激发用户互动

只有真正以用户为中心来重构自身的价值生产体系，积极寻找与用户进行价值共创的方式和路径，才能实现良性互动。针对不同互动行为，我们分类梳理如下技巧供大家参考。

（一）点赞

1. 创意搞笑

这类内容大多为生活场景下搞笑内容的视频化呈现，可以是套路 & 反套路、剧情演绎等方式。只要内容能让用户“会心一笑”，获赞完全不是问题。比如“洗脑土嗨”# 万物皆可 supreme 这个搞笑梗。

@大号吃货

惊！食💩啊！

@大号吃货

是我理解错了吗？办公室吃饭的家伙？

▲ 用抖音扫码即可播放视频

2. 温暖治愈

这类内容多以萌宠和晒娃为主，传递了一种积极向上、乐观的生活态

@二虎是只心机猫

#谁能想到 能看懂吗？人和猫，人和人

@美团外卖

#正能量 待你真情不仅在一餐一饭，这个城市里有很多人默默护你安全❤

▲ 用抖音扫码即可播放视频

度。当然拥有治愈能力的，不光是萌宠和宝宝；深入人心的人物对话和情节，同样能带给用户治愈。

现实生活中压力大、人际关系复杂，人们渴求一个心灵的港湾，哪怕只是暂时停靠一下歇歇脚，也是极好的。这类内容没有人会抗拒。

3. 扎心内容

无论视频呈现的是什么，最重要的是三观契合，包括人生观、价值观、世界观。

@噗噗和撅撅

每天女朋友都要枕着我的胳膊睡，可是胳膊真的好麻啊啊啊！有同感的男同胞出来说两句

@重庆第一旅游网

#兑现爱的旅行 承诺是爱的责任，答应过的，请一定实现。

▲ 用抖音扫码即可播放视频

4. 实用干货

在抖音 APP 内搜索“教程”，可以看到与舞蹈、美食、编程等相关的视频、用户、音乐、话题等。其中不乏点赞量过百万的视频教程，一些教程话题也有上千人参与。

5. 技能征服

所谓“技能”，更多指的是才艺展现，包括歌舞、rap、喊麦等。三百六十行，行行出状元。能把自己所学的技能通过短视频展现出来，创作者能够获得成就感。而粉丝免费 Get 到了一些新技能，也会出于钦佩、感谢（分享）等心理回应创作者的辛苦付出。

▲ 用抖音扫码即可播放视频

6. 外表吸引

有句话叫作“确认了眼神，你是对的人”。养眼力 MAX 的美丽小姐姐在抖音上一直深受用户的喜爱，将有趣的灵魂与颜值相结合，吸睛效果也能翻好几倍。当然“外表”不仅限于颜值和身材，还可以是一切能表达、展现“美”的事物。

▲ 用抖音扫码即可播放视频

7. 场景丰富

抖音的 slogan 是记录美好生活，自然离不开各种场景。这里的场景可以是旅游景点、办公大楼、居民住宅，也可以是空间较小的一间卧室。只要能通过拍摄角度、特效加成等方式凸显人物心情，并为用户带来一种身临其境的沉浸感，就能激发点赞。

▲ 用抖音扫码即可播放视频

这七种类型，基本概括了用户在使用抖音时主要的点赞原因。（以上部分观点参考微信公众号“营销猿人”）

@张禾禾同学

第一次唱闽南语歌，夜以继日的练习好几天~不知道有百分之多少标准呀导演拍摄@韩41【大石桥联盟】

@马蜂窝旅游攻略

这么多水果，该吃哪个好呢？

▲ 用抖音扫码即可播放视频

（二）评论

评论区的互动性，是构成抖音社交属性的关键；这对于短视频作者，尤其是企业抖音号来说很重要。

要理解“短视频社交”，最值得关注的应该就是抖音的评论区。没有评论的抖音就失去了灵魂。

抖音用户有个习惯：边看视频边看评论。很多评论都非常有意思，可能一个视频你看着很普通，但点开评论一看，就会豁然开朗，更深刻地领悟视频内容。

想要激发用户的评论，除了本书之前提到的“七大爆款方法论——刺激动作法”之外，我们还可以采用如下技巧：

1. 给用户宣泄情绪的出口

在视频标题、内容里，设置明确的能够引发用户情绪波动的点。情绪化的用户更容易“控制不住自己”而去发评论，宣泄自己的情感。

@小米手机

找了3000多家火锅店，腿是酸的，锅是辣的，但你笑是真的，甜。#小小甜甜小甜甜小甜甜

▲ 用抖音扫码即可播放视频

“小米手机”的这个视频，在内容中没有平铺直叙地展现“小甜甜”，而是用对话的形式，引发了用户对于“小甜甜”甜美属性的喜爱，于是用户们纷纷欲罢不能地到评论区留言。该视频收获了 3.7 万评论。

2. 给用户显摆自己的理由

故意在视频中展现一种规律，或若隐若现的梗，可以让用户有机会证明自己“什么都懂”、“很有观察力”。当他们沉浸在自我认可的满足中时，你的评论区也就火起来了。

同样来自“小米手机”，这个视频用首尾相连的内容，产生了一种无限循环的感觉，很多用户忍不住在评论区阐述自身的理解和判断。

3. 给用户被重视的感受

评论区除了是用户发表观点、宣泄情绪的出口外，还是企业抖音号和用户间沟通交流的场所。毕竟，私信不是公开的，但评论区你和某一个用户的互动，大家都能够看到，“围观群众”能够体会到品牌对用户的重视程度。

当然，如果能像“小米手机”这样发表一些有才的评论回复，就更理想了。用户对评论回复的点赞也说明了他们对品牌的认可。

@小米手机

收手机，收旧手机，用旧手机换新女朋友
#这种男友请给我一打

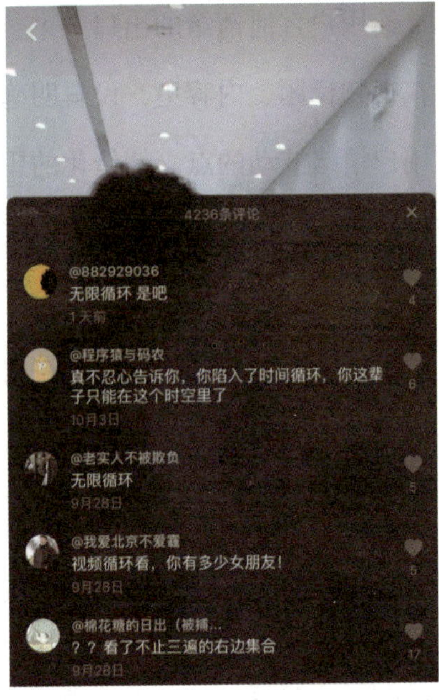

▲ 用抖音扫码即可播放视频

@小米手机

当我们再次擦肩，是否还有心动的感觉？最熟悉的陌生人。#天冷注意脱单

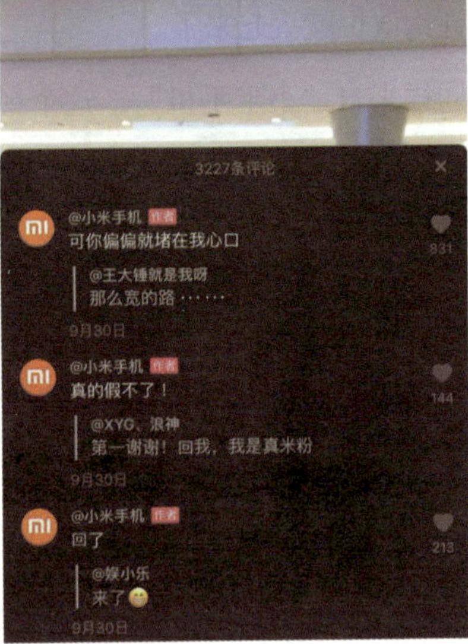

▲ 用抖音扫码即可播放视频

（三）转发

用户转发视频的原因，无非以下两种：

（1）寻求共鸣；

（2）分享知识。

为了让用户产生转发的欲望，我们需要思考以下几点：

（1）你的视频能给用户提供谈资吗？

（2）你的视频帮用户说出了他们内心想说的那句话吗？

（3）你的视频能够让用户帮助到自己的亲人或朋友吗？

（4）你的视频能代表用户的形象吗？

（5）你的视频是否能让用户看起来更有“地位”？

（四）关注

抖音用户进行关注的原因，最核心的其实是：害怕失去。

究竟哪些内容，容易激起用户“害怕失去”的感受呢？

这就要结合到之前分析的七种点赞互动行为了。

相较而言，用户认为“场景丰富”只要点赞即可，不需要关注这个账号。而“外表吸引”类内容，不仅容易获得高赞数，转化粉丝的效率也更高。

这很好理解，因为一旦用户有喜欢的“人”便不希望在人海茫茫中擦肩而过，再也不见。

此外，价值观输出类的内容和知识型内容，目前在抖音内吸粉效率也比较高。

做抖音运营，并不是要一味追求点赞数，而是要结合自身的目的来安排。

第三节 企业官抖快速增粉公式

运营企业抖音号，最重要的是引流。如何在线上通过抖音短视频平台吸引用户关注、收割用户时间？

让我们来看看这个公式：打破刻板形象 + 善用网红流量 = 企业抖音号快速增粉。

一、打破刻板形象

方式 1：塑造自黑人设

@支付宝

有人问“花呗还不上怎么办？”来，请看这两个深井冰，我也不要面子了！

▲ 用抖音扫码即可播放视频

还记得支付宝曾经在公众号发过的那篇哭惨卖萌求关注抖音官号的文章么？内容一经发出，下方的评论区就被网友们戏谑地称为“抖音里的最惨官方账号”。在抖音，为了符合平台调性，支付宝硬是把自己活成了一个优秀的自黑少年。

从马云到花呗，支付宝负责抖音运营的小伙伴不仅擅长幽默自黑，更擅长黑身边的同事，完全没有在公众号上的傲娇感。抖友在评论区中留言：你是不是想笑死我，然后继承我的花呗？

支付宝用有趣的方式自嘲，成为高端黑，一跃成为拥有近百万粉丝的官抖之一。

方式 2：创作稳中带皮

优酷在抖音上的官方账号可以说是非常顽皮了，各类梗和段子信手拈来，还十分喜欢鬼畜恶搞。

企业官方账号素来给人一种正经严肃的形象，优酷则给人留下了搞笑 UP 主的感觉，皮到像被“盗号”是它致胜的关键。

@超皮优酷君

武动乾坤已经安排上了！听说林动一登场就燃烧卡路里？赶紧和@杨洋 一起动起...

@超皮优酷君

#扎心金曲 唱出你此刻心声的请点赞

▲ 用抖音扫码即可播放视频

方式 3：选题平实接地气

这个名为“牙尖熊猫侠”的官方抖音号来自成都商报，每次发布的视频都由两位小伙伴演绎，内容聚焦生活的点滴，让网友感同身受。

充满生活气息的官抖给人亲切感，拉近与用户的距离。

方式 4：展示员工才艺

美团外卖是最爱跳舞的官抖了，在他们主页发布的作品中，袋鼠吉祥物总会跟一名美团外卖配送小哥哥一同出镜“尬舞”。

Dura 舞、人猿泰山、大笑江湖……就没有这一人一袋鼠的组合不会跳的，美团官抖号成了才艺展示区。

@牙尖熊猫侠

#这剧情，就缺一段抖音bgm 小哥哥为什么非要喝我手里的奶茶？？有人告诉...

@美团外卖

#散步舞 怎么能少了我们的骑手小哥哥！趁休息的时候秀一下魔性舞步~

▲ 用抖音扫码即可播放视频

方式 5：植入流行元素

前段时间很多抖友都被饿了么快递小哥扮演的“饿郎神君”大战炎魔、水魔、饿魔的视频刷了屏，充满想象力的情节让人不禁感慨：送个快递还这么多戏。

这条由饿了么官方精心制作的视频，在抖音平台上取得了很好的口碑，以更容易被年轻人理解和传播的方式，展现了快递小哥的辛苦。

@饿了么

#饿郎神君 你永远不知道收到外卖前发生了什么！饿郎神君出击，击退你的饿魔！…

方式 6：代入 IP 角色

网易游戏“阴阳师”官方抖音号——“阴阳师扫地工”的主角是一群游戏中的虚拟人物，官方用 cosplay 的方法让俊男美女分别扮演人气角色，并展现这些虚拟人物的日常生活，通过二次元文化圈粉无数。

精准定位 + 高颜值 coser，翻看阴阳师的官抖绝对是沉浸二次元世界的视觉享受。

@阴阳师扫地工

#阴阳师 皮皮兔系列：山兔提议大家来玩换装游戏~抽签决定跟谁换哦！ @抖音游戏…

▲ 用抖音扫码即可播放视频

二、善用网红流量

有时，面对“嗷嗷待哺”的企业抖音号，抱残守缺，不如学会利用网红流量。通过和已经具备一定粉丝基础、有流量号召力的网红合作，为企业宣发引流，收益可观。

例一

点赞数：416.5 万；

评论数：2.3 万；

转发数：3.5 万；

行业：餐饮；

发布者：达人；

标题：抖音爸爸，我们死的这么认真都不给火吗？ @抖音小助手；

内容侧重：理念表达；

成功点：（1）通过达人在店内演绎真人版吃鸡的创意趣味性表达，激发了受众的互动。

（2）BGM 选取得当，且真人版吃鸡的开枪动作和演员演绎的节奏完全吻合。

@十二

#绝地求生花式死法 抖音霸霸，我们死的这么认真都不给火吗？？？，@抖音小助手

▲ 用抖音扫码即可播放视频

（3）求怜式标题，引发了受众和审核人员的优越感以及恻隐之心。

（4）巧妙借助吃鸡游戏花式死法的热门话题，且该内容在话题中鹤立鸡群，让受众在观赏该话题内容时眼前一亮。

例二

点赞数：40.6万；

评论数：8127；

转发数：4.1万；

行业：金融；

发布者：达人；

标题：今天拿到卡了，迫不及待试一下，哈哈哈；

内容侧重：理念表达；

成功点：（1）利用技术流特效，让产品本身以游戏二次元人物的3D形象活了起来，再加上精彩的配音，让生硬的金融产品成功借势游戏的热度。

▲ 用抖音扫码即可播放视频

（2）BGM选取得当。激情澎湃，和目标受众人群产生了共鸣。

（3）参加的话题得当。借了王者荣耀的话题热度。

例三

点赞数：46.8万；

评论数：5372；

转发数：2.8 万；

行业：零售；

发布者：达人；

标题：（得意表情）买了三年的自动开瓶器深得我心（大笑表情）；

内容侧重：卖点展示；

成功点：（1）利用近景镜头，将使用产品开瓶的过程凸显出来，镜头中无任何背景干扰，也让受众注意力更加集中。

（2）种草类标题，是达人利用自身影响力，为品牌推广的理想方式。

@大蔓蔓

#快看我的"超能力" 买了三年的自动开瓶器深得我心

▲ 用抖音扫码即可播放视频

（3）巧妙借用《快看我的"超能力"》这一话题，暗示了产品给予消费者的超能力，满足了人们心底普遍渴求拥有超能力的愿望。

例四

点赞数：65.8 万；

评论数：2677；

转发数：6.3 万；

行业：母婴；

发布者：达人；

标题：超级省空间的宝宝浴盆（满意表情）宝宝超爱洗澡澡；

内容侧重：功能演绎；

成功点：（1）利用家长和宝宝的表现力，充分演绎了浴盆的产品特性和使用情景。

（2）BGM 选取得当。可爱活泼。

（3）快放的节奏让产品功能充分得以展现，且能让受众的注意力保持集中。

@Duomy

超级省空间的宝宝浴盆宝宝超爱洗澡澡

例五

点赞数：92.3 万；

评论数：1484；

转发数：6.4 万；

行业：汽车；

发布者：员工；

标题：凯迪拉克 XTS 后备箱容积谁敢争锋……

内容侧重：卖点展示；

成功点：（1）卖点直观展现，没有用说教的方式，而是用可视化的效果 + 美女生动演绎。

（2）BGM 选取得当。欢快的节奏取悦了受众，外加惊讶的声音，让受众感同身受。

（3）标题短小精悍，直击亮点。

@乖大宁

凯迪拉克XTS后备箱容积谁敢争锋......

▲ 用抖音扫码即可播放视频

第五章

藏在数据后面的抖音运营法则

第一节　抖音有哪些关键数据，意义何在

一、抖音有哪些需要关注的数据

在研究抖音数据之前，首先我们要了解一些基本的数据概念。

指标是用于度量发展程度的单位，我们需要通过数个关键指标来将运营情况可视化。

（一）基础指标

（1）播放量；

（2）平均播放量；

（3）点赞量；

（4）平均点赞量；

（5）评论量；

（6）平均评论量；

（7）转发量；

（8）平均转发量。

基础指标也是需要优化的直接指标。均值，是当前时段内容质量的平均水平。假设 7 日内，总点赞量为 10000，视频产出量为 5 个，那么每个

视频平均点赞量为 2000。我们可以根据均值数据的曲线波动，有效判断出各维度的内容及运营策略是否需要调整。

通过对内容质量相关维度的深度挖掘，我们能找到规律，并将优质内容特征层层拆分、放大，针对劣质内容共性找到最佳解决方案。

（二）互动指标

（1）点赞率 = 点赞量 / 播放量；

（2）评论率 = 评论量 / 播放量；

（3）转发率 = 转发量 / 播放量。

以播放量为关联基数，比值越高，说明相关指标质量越好。

（三）价值指标

（1）带货力：通过转发率（收藏率）及评论、舆情监控，进行带货能力的评定。

（2）赞粉比 = 获赞总数 / 粉丝总数。数值越大，则在一定程度上代表了内容的拉新能力和粉丝的认可程度越高。

（四）维度

维度是剖析变量的方法和分析问题的方向。

（1）内容质量维度：内容类型、内容看点、内容创新点、关联热点、拍摄质量、台词文案等。

（2）热门话题统计（难度系数、操作性、可复制性）：参与人数、排名靠前的视频点赞数。

（3）对标账号：与己方账号定位、赛道同类型的头、中部账号。分析对标账号的更新节奏、每日更新内容、爆款分析、粉丝增长情况等，可以成为我们很好的标杆和方向指引。

（4）对比角度：己方账号数据、对标账号数据、热门内容数据。

（5）视频描述：视频的发布文案统计，根据互动型文案、描述型文案等不同类型做好标识。

（6）发布时间：视频的发布时间统计，参考不同类型内容在不同时间段的发布效果。

例如，播放量是一个数据指标，而我们可以从日期的维度观测一个周期内哪几个内容流量偏高或偏低；每天不同时间段内流量的分布情况等。界定清楚你要评估的数据指标，再分析有可能用哪些维度去看待这些指标，通过长线累积进行交叉对比。

现在回归到基础指标，我们以用户发生的核心行为为主线，重点需要关注、提升的就是基础指标中的四个行为：播放、点赞、评论、转发。围绕基础指标中的四个行为，我们重点关注的数值和维度可能就包括了完播率、复播率、关注量、话题性、传播性等。我们对此有一个合理的预设区间，假设点赞转化率在 10% ~ 30%，就是一个健康的状态，以此为标准来评估周期内内容创意产出的合理性。

二、这些数据的价值是什么

怎样才能对指标走向、账号发展具有掌控力？可对内容、用户、对标账号深度洞察，将无法掌握的目标或问题拆解为执行细节。对小细节进行掌控，就容易得多了。

以“牛丁的早晨”这个抖音账号为例，阶段目标为15日涨粉5万人。

粉丝增长=自然增长+用户传播+内容影响+渠道外推。

粉丝自然增长：根据近30天粉丝增长数据的统计分析（包括负增长），平均每日自然增长约为800人。由于账号内容的特殊性，并无热点影响，所以在保证内容质量不下降的情况下，800×15=12000人，15日后会有12000人的流量保证。

用户传播：根据近30天转发数据的统计分析，前20天平均每日转发人数为200人，而后10天平均每日转发只有33人。假设转发可以带来1∶1的转化量，我们将与转发相关的维度（内容转折性/段子等）进行逐一剖析、优化、提升，将转发量提升到平均线以上，也可带来200×15=3000人的流量。

高质量内容：一个时间段内的数据曲线保持平稳，才是健康的发展态势，但由于我们想在未来半月内重点冲刺一下

排名	增粉	转发
均值	**846**	**191**
1	914	72
2	444	245
3	440	335
4	2165	151
5	46	75
6	4535	50
7	45	47
8	298	246
9	7181	191
10	5491	59
11	130	43
12	-100	222
13	-147	94
14	-372	102
15	5021	194
16	-382	66
17	-592	510
18	-496	965
19	-136	84
20	877	78
21	-8	12
22	-58	14
23	-260	75
24	-481	30
25	194	253
26	291	12
27	-200	6
28	-203	23
29	-89	12
30	\	\
总数	**24548**	**4266**

▲ 抖音账号“牛丁的早晨”30日增粉情况

粉丝数量，所以会在未来 15 日内重点针对内容进行发力，对可带来粉丝高增长的内容题材进行集中制作。不过这个办法只能作为短时间冲刺使用，长时间题材单一，会造成粉丝审美疲劳，对后续内容产生失望，得不偿失。

关于高质量内容的打磨，我们在其他章节另作阐述。

根据过去 30 天的爆款内容分析，平均每个爆款视频可以为我们带来约 5000 个粉丝。

根据我们的时间、精力，由每周 1 个爆款视频增加为每周 2 ~ 3 个，假设 15 日产出 5 个爆款视频，则可带来 5000 × 5=25000 个粉丝。

另外，要紧追热点。在不影响账号本身定位的情况下，将热点融入创意中，增加推荐权重。当然，不是每个热点都适合去追，所以日常还是以保质为主。

▲ 抖音号“牛丁的早晨”主页

以上三种渠道可预计增粉约 40000 人。剩余 10000 人，我们通过公众号内容推广、H5 传播、大号互动、策划系列内容或创意中留下悬念、彩蛋伏笔等措施，额外拉动粉丝增长。

假如全部落地且全部达到预期，50000 个粉丝任务完成。由于是举例说明，并未计算点赞转化、评论转化等。现实中根据自身资源情况和数据累积情况，可以将目标拆分得更具体，进行更精确的计算。

同样的数据运营，也会有两种不同的做法：

第一种：每日按部就班地将数据统计到表格中，观察哪个数值爆发，哪个数值较低，做一个简单的比较分析。

第二种：把数据分析看作整个账号运作链条中一个不可或缺的组成部分。借助客观的数值呈现，将不确定、不可控的因素拆解、把控，优化自身运营，洞察账号所处运营阶段，调整策略，延长生命周期。

第一种往往充满了不确定性。比如说内容好，但是好在哪里？细分为哪些维度？这些维度和指标的联系是什么？哪些维度当前条件不可优化？通过哪些维度可以弥补不足？

相比而言，围绕大目标，将所有关联任务细致梳理并流程化之后，再分析可行的解决方案，会让你感受到增长 50000 个粉丝是可达成的，每一个粉丝增长都是相对可控的。制定好策略，找到发力点，相较于依靠运气，两种做法高下立判。

想要数据更好地为你服务，首先需要具备良好的数据复盘能力。数据分析的过程，也是运营者锻炼逻辑思维、互联网敏感度的有效方式。

产品生命周期					
阶段 指标	导入期	成长期	成熟期		衰退期
			前期	后期	
用户量	低	快速	持续增长	有降低趋势	下降
利润	微或负	大	高峰	逐渐下降	低或负
消费者	爱好新奇	较多	大众	大众	后随者
竞争	微少	增加	激烈	甚多	减少
侧重点	口碑（超出用户需求预期）	增长模式、速度	用户活跃度商业变现		减缓用户流失,维护

▲ 产品生命周期影响因素统计表

第二节 面对海量数据，我们该如何使用

一、如何发挥数据真正的价值

数据分析所需要的，除了专业知识，更多的是一种思维习惯：提取有用信息加以研究概括并形成结论，帮助人们做出判断，将任务拆分细化，找到解决问题、达成目标的最佳路径。

需要注意的是，想要得到客观的分析结果，要注意离群值的屏蔽。离群值，也就是极高或极低、对均值起到巨大影响的数值。当然，对离群值对应的维度也要做专项研究。

下面以“牛丁的早晨”的抖音数据为例进行详细介绍。

（一）明确分析目的

以日常数据观测为例：假设播放、点赞、评论、转发几项基础指标一直处于平稳状态，每日差距不大，没有剧烈波动，但30日或更久的长线数据却整体呈下滑趋势。这就说明用户体验在持续下降，那么我们的核心任务就是放慢运营节奏，踏踏实实地将内容质量和用户体验拉升回历史数据平均线以上。

假如我们有足够的粉丝量，且依靠口碑的自然增长呈稳定提升状态，

那我们则应该考虑通过自有渠道、外推渠道如大号互动来加强推广力度，适当增加内容产出量，加速自然增长。

例如抖音账号“牛丁的早晨”，围绕热点“小黄鸭”题材制作了一期内容，结果发现和目标相差甚远，于是产生了这样的思考：是主题距离受众太远，还是包袱埋点、创意结合有问题?

涨粉不仅与内容质量相关，与受众贴合度、互动率也有相当强的联系。多少粉丝来自口碑自然增长，多少来自热点，多少来自某种情绪的触动，都有必要进行分析。

（二）制定分析方法

在层层拆分的过程中，我们会得知：到底什么样的内容更贴合粉丝群体，什么样的内容更符合大众口味。即使用户的观看诉求都是娱乐解压，但核心需求肯定有所不同。

我们可以将用户划分为不同类型，分别进行内容推送。

发布内容后，我们要通过数据进行观测分析和思考。假设 70% 以上的用户是因为我们的某个视频内容而关注账号，此时我们要对此视频进行层层拆分细化，找到深层规律，用于后续内容创作的指导，从而获取更多用户。

上述分析过程，也即如何从宏观角度结合内容来判断账号运营情况，制定运营策略。

结合数据实例，我们首先提取目标相关元素，然后尝试根据账号的不同发布时间，设置一个基数。尽可能地把播放量中的粉丝数据过滤掉，只看新用户（未关注用户）的效果。

假设粉丝播放量占总播放量的 20%，粉丝点赞量占总点赞量的 10%，

			20%	10%	1%							
排名	内容	粉丝数	新播放	新点赞	新评论	新点赞率	新评论率	播放	点赞	点赞率	评论	评论率
平均值						1.09%	-0.42%	1669000	90400	5.65%	847.4	0.06%
1	洗面奶刷牙	226000	613800	8400	-1967	1.37%	-0.32%	659000	31000	4.70%	293	0.04%
2	代古拉J	236000	932800	33400	-1736	3.58%	-0.19%	980000	57000	5.82%	624	0.06%
3	面试	251000	660800	8900	-2324	1.35%	-0.35%	711000	34000	4.78%	186	0.03%
4	前女友	271000	754800	9900	-2517	1.31%	-0.33%	809000	37000	4.57%	193	0.02%
5	蚂蚁	289000	5889200	259100	-824	4.40%	-0.01%	5947000	288000	4.84%	2066	0.03%
6	画家	339000	269200	-10900	-3102	-4.05%	-1.15%	337000	23000	6.82%	288	0.09%
7	茶艺师	347000	527600	-1700	-3203	-0.32%	-0.61%	597000	33000	5.53%	267	0.04%

▲ 新增用户点赞数（去除粉丝点赞量）

粉丝评论量占总评论量的 1%。按照这个数据去除粉丝相关数据量，就可以从中看出新用户的播放、点赞、评论等活动趋势。

每个阶段的粉丝数值越精确，假设出来的去除粉丝的数据趋势就越精确。不必纠结于具体数值，只关注趋势即可对账号运营情况进行判断。

例如“牛丁的早晨”抖音账号内，上表中“画家”“茶艺师”这两个视频的总点赞率很不错，高于平均值，但去除粉丝用户后，新点赞率呈负数，可得知新增用户点赞率占比较低，说明推向新用户点赞效果较差，受众面没有打开，粉丝增长能力差。

从而也反映出粉丝用户点赞占比较高，所以才拉高了总点赞率；说明此类内容与粉丝属性贴合。

上表中“代古拉 J”和“蚂蚁”两条视频内容总点赞率在平均线内，且通过新点赞率、点赞率的前后差异、当前数值排序可发现，新老用户数据占比相较于总体数值均衡。说明此类内容受众广泛，易引起新用户共鸣，拉新能力较强，另外选题本身具有强话题性。

（三）用数据达成具体目标

假如你想达成某个特定目标，那么如何通过数据来评估和具体化你的最佳达成路径呢？在此举例说明。

比如，当前日均点赞数为10000，希望接下来一个月的目标是把点赞数提升到50000，我们应该采取这样的策略：

首先对目标进行拆解：点赞数 = 播放流量 × 点赞转化率 × 人均点赞视频数量。

然后分别评估3个因子在期限内的提升可能性和提升程度、可投入的相关资源，对目标数据进行反复推敲思考，制定提升方案，将维度量化，从而指导我们的运营工作。

二、辅助分析法

（一）用户画像

一些数据平台通过海量的日志处理提取用户画像信息，能够帮助我们针对用户属性和行为特征进行精准营销，做到受众人群内容“私人定制”，为粉丝用户提供个性化内容服务。

以账号“七鹤大人”为例：

根据“性别分布”及“年龄分布”两个图表，可得知用户群体多为17岁左右的花季少女。此类人群特征为：正值青春期、情窦初开、懵懂美好、易焦虑，常常通过幻想弥补对现实的不满和无力感，得到心理上的满足。

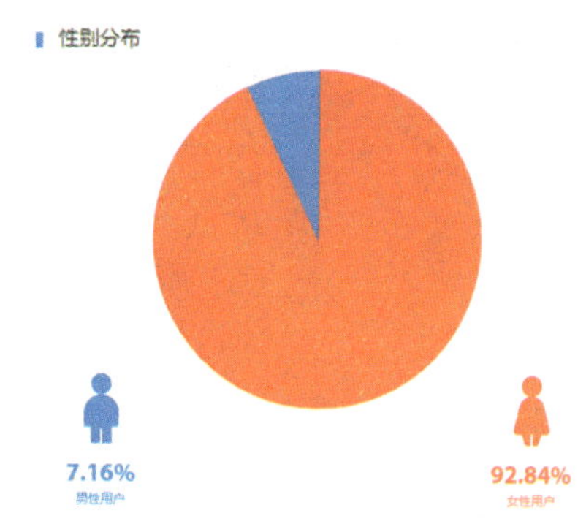

▲ 抖音号“七鹤大人”关注用户性别比例

年龄分布

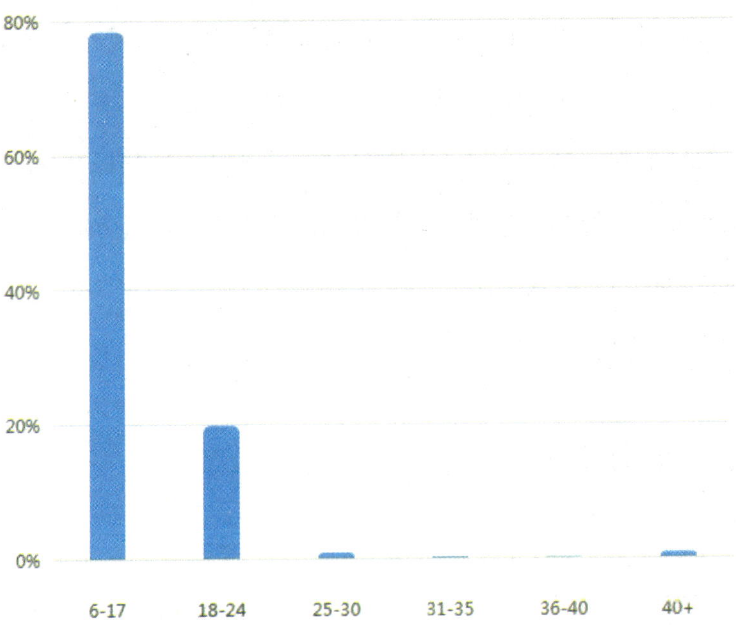

▲ 抖音号“七鹤大人”关注用户年龄分布

词云图

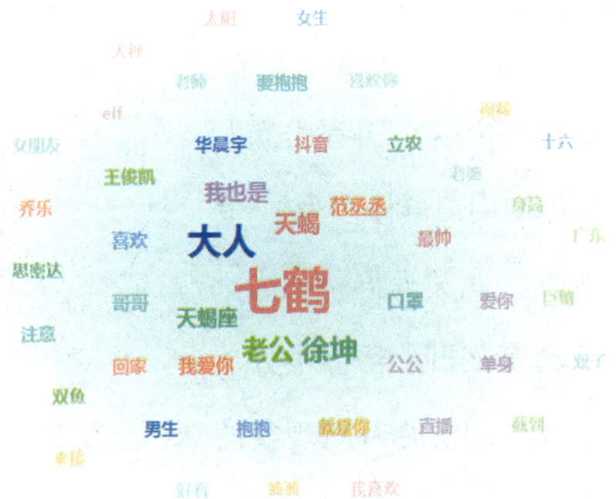

▲ 抖音号“七鹤大人”的用户评论词云图

在用户评论的词云分析中，明星（蔡徐坤、王俊凯、范丞丞、陈立农）占据相当大的比例，体现了这个年龄段用户的追星特质。

（二）漏斗模型

漏斗模型是数据分析的一种常见模型，对应了营销的各个环节。每个任务目标都需要多个步骤方可达成。将任务流程化，建立漏斗模型，根据提升难度进行排序，就形成了层层缩减的漏斗。

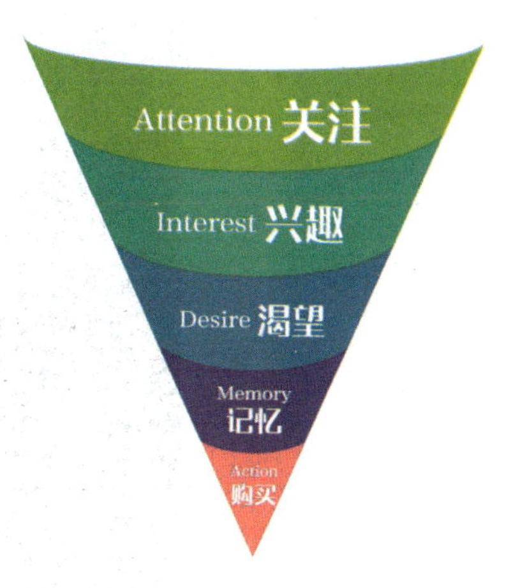

▲ 数据分析常用模型——漏斗模型。图片来自百度百科

例如，我们面对的指标是增粉行为转化率。对于这一指标来说，漏斗层级自上而下依次是播放增粉、点赞增粉、评论增粉、转发增粉。假设我们现在将发力点放在评论层级上，就需要在视频内容、文案中加强用户评论引导，提升用户参与评论的积极性。

“七鹤大人”这个账号，就是典型的依靠互动行为带来涨粉的案例。运营者通过文案和引导评论互动，建立与用户间的联系，满足了青春少女对于懵懂爱情对象的幻想，让用户可以将内心想象投射到现实人物中，并能够建立实际沟通，使互动成为主要增粉途径。

根据漏斗模型，可以观察每个环节粉丝的转化与流失。通过数据衰减、暴增的原因分析，可以改变运营路径和发力点，对每一环节的粉丝流失及时制定应对策略。

在此，运营者还有必要了解数据运营的三个要素——精细解剖、逻辑

▲ 抖音号“七鹤大人”视频作品

思维、落地实践。若不能深入理解任务，不能从决策者的角度去剖析问题，策略建议将无法落地执行，数据统计工具就成了摆设。

提醒各位运营者：对于数据分析来说，思维习惯的重要性远高于技术手段。

第三节　DOU＋——官方认可的“刷量”工具

一、什么是 DOU+

在全民抖音的大势下，除了网络达人和 MCN 机构，企业也开始跟随趋势纷纷入驻。但由于缺少对抖音玩法的了解，部分企业面对流量显得甚为被动。

驾驭流量，有什么“速成”的方法？

当然有！2018 年 6 月，抖音上线营销神器——“DOU+”功能，可以对视频进行流量赋能。简单来说，它就是一个内容营销工具，只要你消耗一定数额的人民币，就能把你的视频推荐给更精准的人群，提高视频播放量。

二、“DOU+”功能怎么用

点击想要流量赋能的视频，在更多选项中就能找到 DOU+ 功能。

点开后即进入“生成订单”界面，可对想要“加热”的视频进行不同金额的投放。

▲ “DOU+”订单生成图解

在主页上点击更多功能，还可以在“DOU+ 订单管理”中查看历史投放记录。这一整套的操作使用手机就能完成，十分便捷。

总体来看，DOU+ 是一款抖音内容加热工具，可以高效提升视频播放量和用户互动量，具备不含广告标签、样式原生、无缝融入抖音信息流等特点。

支持点击关注、点赞、评论、分享、右滑、点击昵称及头像进主页等常规交互方式，还支持挑战赛绑定和地点绑定（需要点击才能进入）。

需要注意的是，DOU+“刷量”并不保证位置，都是随机展现的，而且每条视频主要分为自然流量和推广流量，只对同一个用户展示一次。

数据披露方面，展现量、视频播放量、互动数据（点赞、评论、分享、新增关注数、购物车点击、进入主页 pv）等都可以查到。

素材方面也有一定要求，经过内容审核 + 广告审核的素材才可以合作 DOU+，明显的广告营销类硬广无法合作。

在 2018 年 9 月之前，DOU+ 主要面向抖音企业号、电商达人及白名单用户，支持自投和代投两种方式，会在抖音推荐信息流位置展示。

其中，自投指的是投放自己发布的视频，代投则是投放他人发布的视频。

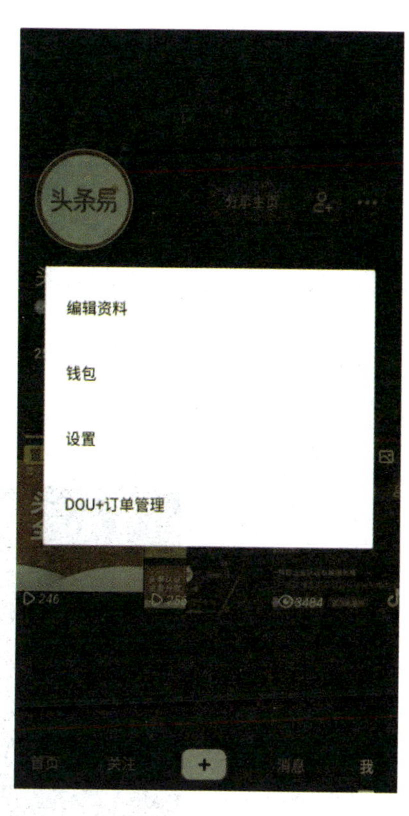

▲ “DOU+ 订单管理”界面展示

值得一提的是，DOU+ 和信息流广告还是有一些区别的，主要表现在以下四个方面：

（1）广告标签：信息流广告含有广告标签，DOU+ 不含广告标签。

（2）内容要求：信息流广告投放需经过广告审核；DOU+ 需通过内容审核 + 广告审核，明显的广告营销类视频无法采买 DOU+。

（3）外链跳转：信息流广告支持纯展示或外链跳转；DOU+ 仅支持视频纯展示，不支持外链跳转。

（4）广告特殊样式：信息流广告样式优化仅对广告产品生效，DOU+ 不支持。

三、DOU+ 全面开放

目前 DOU+ 已面向抖音个人用户全面开放。在 iOS 系统中，2.7.0 版本的设置页面已经出现了“DOU+ 订单管理”，而安卓系统升级到最新版本后，在设置页面的“钱包”中可以看到。

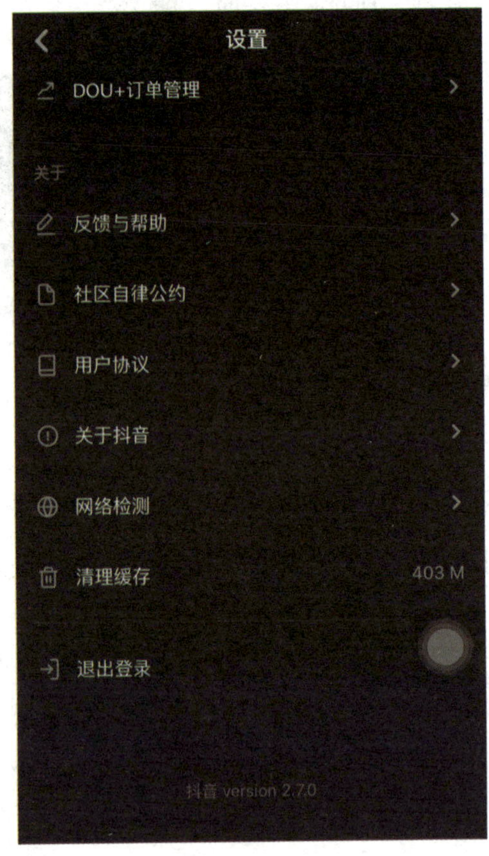

▲ 抖音账号设置页面展示

四、播放量与投放金额成正比

DOU+ 支持两种投放模式，分别是“系统智能投放”和“自定义定向投放”。前者由系统主导，会智能选择可能对投放视频感兴趣的用户或潜在粉丝进行展现；后者则由用户自主选择，比较考验判断力。

“自定义定向投放”提供了性别、年龄及地域三个选项，其中年龄覆盖了 18 ~ 23 岁、24 ~ 40 岁、40 岁 + 三个阶段，支持多选；地域有全国、省市、区县、商圈、附近五个层级，仅支持单选。

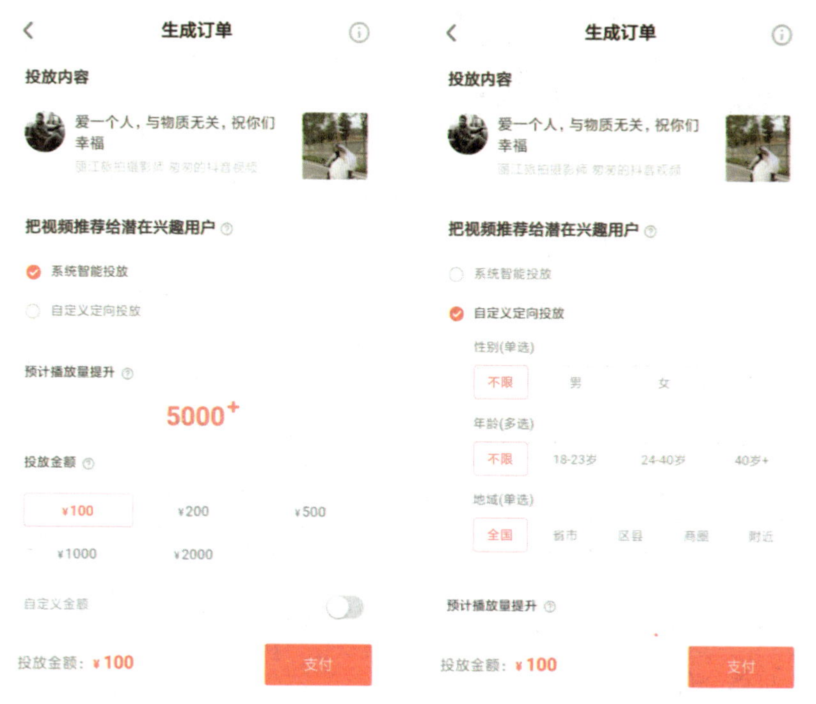

▲ DOU+ 订单付款界面显示

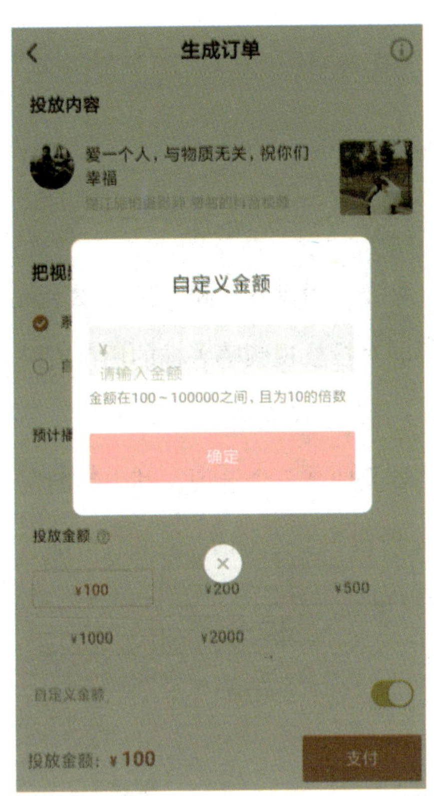

▲ DOU+ 订单自定义金额页面展示

投放金额有 100 元、200 元、500 元、1000 元、2000 元五个选项，用户还可以自定义金额（金额在 100 ~ 100000 元之间，且为 10 的倍数），支持多次投放。初步来看“预计播放量提升”与投放金额成正比，比如投放 100 元预计能提升 5000 以上播放量，多投多得。

测试显示，在 DOU+ 数据方面，推荐量的增加，可以让更多用户看到；点赞量等其他数据的提升幅度，就要看视频质量了。

能达到多少播放量，要看实际数据，充值时仅提供一个预估值，比如充值 200 元，预计提升播放量 2 万，实际提升 2.7 万；充值 500 元，预计提升播放量 4 万，实际提升 4.6 万。总体来看，实际提升量可能会比预估量略高一些。

在视频发布的过程中，抖音会根据内容、文案、话题、地点（定位）、粉丝数、过往发布内容历史等数据，推荐给首批用户。获得首次播放完成度、点赞、评论及分享数据后，再根据效果，进行多次持续推荐。

也就是说，并不是金额越高，实际播放量提升效果就越好。影响投放效果的因素很多。如果视频被多次举报或出现被平台用户表达为不喜欢的行为，可能会停止加热。

五、DOU+ 内容要求

（1）必须是原创视频，非原创视频被用户举报后会重新触发审核执行下线。

（2）视频内容完整度好，视频时长短于 7 秒很难被推荐。

（3）视频内容本身不能含有其他 App 水印，使用非抖音站内贴纸或特效拍摄的视频，也将被做不推荐处理。例如在其他视频平台使用其他平台站内贴纸特效拍摄视频后，后期加工去掉水印后再拿到抖音上传也不会被推荐。

（4）内容优质有趣，多参与挑战，多使用热门背景乐。

（5）视频符合抖音内容审核标准。

六、什么样的视频不符合要求

除视频质量差、搬运视频、调性不推荐、隐性风险类内容外，不符合 DOU+ 内容要求的还有明显的营销、广告类信息、视频，如视频内容中含有明显的品牌定帧、品牌词字幕、品牌水印、口播，视频背景中含有明显的品牌词、商业元素（使用抖音站内库中品牌音乐 / 贴纸拍摄的视频，正常审核不受影响）。

七、DOU+ 审核要求

（1）有明显的品牌推广、产品推广、商品销售意图的视频营销内容，无法投放 DOU+。

（2）视频标题和视频描述包含以下元素，无法投放 DOU+：

联系方式：电话、微信号、QQ 号、二维码、微信公众号、地址。

招揽信息：标题招揽、视频口播招揽、视频海报或传单招揽、价格信息、标题产品功效介绍。

曝光商标：品牌定帧、商业字幕、非官方入库商业音乐、非官方入库商业贴纸；指向性的企业店铺名称。

（3）视频内容中含有已商业入库的贴纸、音乐，在视频内容合规的前提下可以投放 DOU+，抖音商业贴纸、音乐入库凭证以 BPM 采买录入和上线邮件为准。

（4）视频内容中有口播讲解某一品牌产品的视频营销内容，无法投放 DOU+。

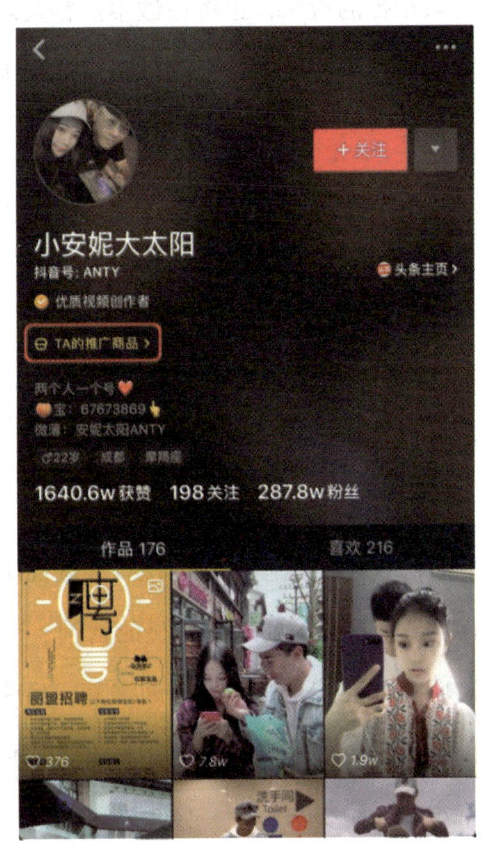

▲ 抖音号“小安妮大太阳”主页

（5）内容不符合抖音站内公约的视频，无法投放 DOU+。

八、DOU+ 常见问题 Q&A（来源：企业认证助手）

Q：DOU+ 什么时候用？

A：想把视频展示给更多人的时候！精心拍摄的视频可以通过 DOU+ 展示给更多人，吸引粉丝，增加互动。

Q：使用了 DOU+ 的视频会展现在哪儿？

A：使用 DOU+ 的视频会出现在抖音首页推荐流里，根据抖音的高效能推荐算法，视频会展现给对该视频可能感兴趣的用户或潜在粉丝。

Q：使用了 DOU+ 的视频会投放给谁？

A：目前支持两种定向模式：

模式 1：系统智能投放，系统会智能选择可能对该视频感兴趣的用户或潜在粉丝，对其进行视频展现。

模式 2：客户自主选择投放的用户类型。

Q：使用了 DOU+ 的视频，加热会持续多久？

A：最长不超过 48 小时。以下情况可能会停止加热：

可能性 1：视频在加热过程中出现被多次举报，或被其他用户表达为不喜欢的行为。

可能性 2：视频内容的“权限设置”修改为私密或者删除了视频。

可能性 3：超过 48 小时。

Q：为什么会无法使用 DOU+？

A：平台希望优质内容能够获得更多展示机会，但出现以下几种情况无法使用 DOU+：

情况 1：视频具有较强的推广信息。

情况 2：平台中多个用户对视频进行了举报或进行了其他表达为不喜欢的行为。

情况 3：其他不符合《抖音社区公约》《DOU+ 服务协议》的情形。

Q：DOU+ 投放是否包含自然量的统计？

A：不包含。DOU+ 订单数据仅为投放 DOU+ 带来的展现量、播放量及互动量。

Q：展现量和播放量的区别是？

A：展现量为视频展现的次数，即视频被用户看到的次数；播放量为视频播放次数，包含了重复播放量。

Q：订单的消耗如何计算？

A：视频每展示给一位用户，系统会自动扣除一部分金额，直到扣减到购买金额或订单投放终止。

Q：审核被拒绝后，钱会被退到哪里？

A：预计 3 ~ 48 个小时内会退还到 DOU+ 账户中，在“我”——右上角“...”——“DOU+ 订单管理”中查看，可用于下一次。

Q：DOU+ 可以开具发票吗？

A：可以，普通号开票抬头统一为“个人”，企业号开票抬头为认证主体名称，开票金额要求累计开票金额≤充值金额。

如有发票需求，可邮件至 doujia@bytedance.com。

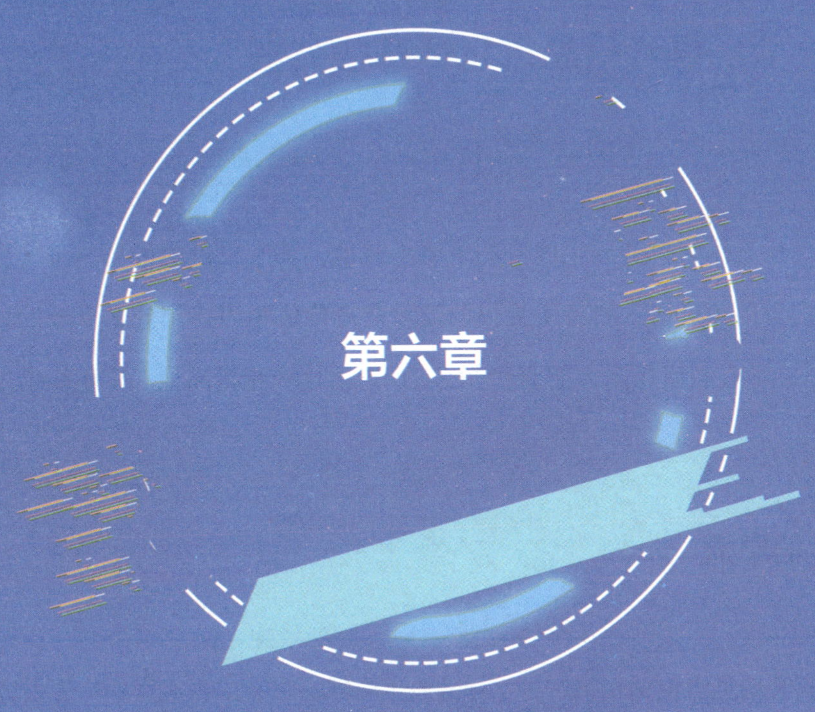

第六章

全民抖音时代，企业如何玩转品牌营销

第一节 抖音信息流包括哪些类别

信息流作为抖音原生内容的主要承载地，其广告价值可见一斑。从商业推广营销角度讲，抖音所提供的流量蓝海价值相当一部分来自于信息流板块。企业在抖音平台要想有所作为，信息流这块流量高地一定不能错过。

一、信息流

抖音信息流包括不带广告字样的原生内容、带有广告字样的广告内容。

原生内容由平台所有的用户共同制造，优质的内容是上信息流推荐的保证。粉丝数量的多寡也一定程度影响着内容的推荐度，用心运营粉丝，提升账号的关注度，建立抖音的社交网也显得尤为重要。

在抖音适当的投入就能够让企业得到可观的曝光量。无论是在抖音阵地打造原生广告，还是建立渠道导流抖音用户的单页广告，都是企业为自身品牌确定营销打法时的不错选择。

抖音信息流视频是抖音推荐页里面带广告字样的内容，又分为原生信息流和单页信息流两大投放类型。

二、原生信息流投放类型

原生信息流投放类型是由企业主通过自己的抖音账号发起的原生内容。用户可向右滑动手机屏幕或点击昵称直接进入企业的抖音主页，也可以直接在视频页面关注企业的抖音号。除此之外，还可以通过点击按钮，进入推广落地页；同时也支持点赞、评论、转发的交互手段。

原生信息流与品牌抖音账号打通，虽有“广告”二字，但相当于能跳转落地页的原生内容，品牌可推广 1 分钟以内的短视频，在抖音推荐流中以原生内容样式进行传播展示，无缝融入抖音推荐流中，帮助企业在抖音平台实现营销推广的目的。

原生信息流作为抖音较原生态的内容，用户的排斥感较小。具体到内容生产，原生广告也要有“原生”的态度，不适合社区风格的内容会适得其反。需要提醒的是，企业投放原生信息流之前要有自己的抖音账号，无论是品牌信息还是宣传信息，都需要在账号内有一定的内容积累，这样广告投放时导流过来的人群才不会因为账号没有内容而流失。

品牌主如果赶上公司的 BIGDAY，有活动信息需要推广，这时就可以用落地详情页来承载。有时为保证品牌的正面导向，原生信息流在进行广告投放时，需勾选“关闭评论”，这样一来用户虽无法评论，但同时也看不到历史数据。

三、单页信息流投放类型

单页类型的信息流广告能有效地帮助企业在外链交互上有新突破，适合游戏、电商、网服等对落地页引流有强诉求的客户。

单页信息流在内容接受度上相比原生信息流来说差强人意，纯商业类型的风格简单直接地告诉客户这是一个广告，用户浏览到这类广告的时候很有可能会跳过，而观看其他内容，所以对于单页信息流广告来说，定向功能显得尤为重要：游戏定向给玩家，附上 App 链接地址；电商用户直接呈现促销信息或者宣传片借此多留住用户几秒；服务类品牌附上表单电话

▲ 单页信息流广告展示

便于客户打消犹豫……所以，单页信息流更多承载的是直观的广告内容，相比原生信息流广告更注重用户沉淀，单页信息流增加多种外链交互，能更好地提升落地页引流效率，达到直观引流的目的。

信息流广告除了内容形式上的原生、单页之分外，广告位置也尤为重要。而了解信息流不同位置的投放，适时根据自己的产品做出合理的投放策略也是品牌主的必修课。

四、抖音的信息流第四刷

用户打开抖音，推荐流上划的第四个视频是首个信息流广告出现的黄金位置，该位置具有高曝光、高溢出以及可见性强的特点。除了第四位，抖音还有每隔四分钟可见的保量投放广告位。

如果将抖音信息流的广告位置比作客栈的客房，第四刷无疑是天字一号房，黄金位置、海量曝光，可见性极强，客户在品牌营销节点投放的话，效果显而易见。截至 2018 年 11 月，抖音 2 亿多的日活跃用户，也能保证该位置的广告能被不同的人看见。哪怕是每个用户每天只能看到一次，曝光量也是惊人的。

为了保证该位置的充分利用，抖音推出了“分时段购买”。分时段的投放也给了很多特殊品牌选择的余地，比如适合晚间使用的产品可放在晚间投放。通过触达时间的控制从而保证广告效益的最大化。

除了第四刷位置，用户也会在刷抖音途中与广告不期而遇，广告位支持定向城市、性别、年龄等维度投放，保证多维度地覆盖人群需求。

以上介绍了抖音信息流广告的两种形态，同时抖音不同位置也可以满足不同客户的投放需求。品牌主需要根据自己的投放需求来制定不同的投放策略，无论是想在抖音上做长期投放，打造自己的品牌阵地，还是将抖音当作流量池来给品牌导流，了解了信息流不同的广告形态才能做到有的放矢。

五、不同广告类别的差异

单页广告的强转化属性和原生广告的阵地营销是两种不同广告形式的最大区别，除此之外，抖音营销里的王牌资源——抖音挑战赛形式只接受抖音原生广告的承载。原生广告有挑战赛跳转入口，单页广告无挑战赛跳转入口。

挑战赛是当前抖音内容、流量聚合的最佳玩法。原生信息流广告能够将用户导入挑战赛页面，由此品牌曝光度将有进一步的提升，而单页广告无法跳转挑战赛。

当然，全国挑战赛动辄几百万的投入不是每个企业都能够尝试的。除了选择区域挑战赛之外，单页信息流的直接快速以及多入口跳转，丰富了企业在信息流广告类型上的选择。

不同于单页广告，对于原生广告来说，头像能直接带动品牌抖音号的关注量，用户在观看符合自己胃口的视频时，会通过点击头像来关注抖音账号。左滑能够进入品牌的官方抖音号，也能通过官方之前发布的内容、官方链接以及官方抖音头图来了解品牌信息。

这里值得一提的是原生广告的背景音乐。如果音乐节奏魔性、旋律好听，吸引大批抖音达人、用户的使用，那么“某某品牌创作原声音乐”就会成为一个全平台引爆的炸点，其效果不亚于为品牌做一次挑战赛带来的声量。抖音作为一个音乐社区，企业主一定要好好利用背景音乐。

单页广告虽无原生广告复杂，但是其任何可跳转的端口都冲着落地页奔去。所以一次跳转的落地页非常重要。用户在跳转后如果看到的是与自己无关、无用的信息，品牌关注度会因此大打折扣。相反，单页广告如果能够实现精准投放，落地转化效果明显，带来的直接收益则是非常可观的。相对于原生广告，企业无须在单页广告投放的前后将过多的精力耗费在抖音短视频的内容以及官方账号的打造上。有些产品，做与抖音社区调性相符的内容不太容易，或者没有精力实现内容的持续产出，那么单页广告就是最好的选择。

▲ 抖音原生广告背景音乐页面展示

第二节　让抖音营销插上创意的翅膀

一、抖音达人，到底“达”在哪

“达人”作为网络常用语，最早从台湾开始流行，源于日语中的Kanai，一般指的是在某一领域非常专业、出类拔萃的人物。这个称呼被网友所喜爱，逐渐成为流行用语。“抖音达人”即指那些抖音玩得好、账号达到一定粉丝量级的抖音创作者和运营者。

那么如何判断一个达人的质量呢？我们需要考察几个方面的数据：

（1）粉丝量。

一般来说，粉丝量越大的达人，他们的IP价值越高，流量号召力越强，但这也意味着高昂的投放成本。

（2）活跃度。

有些达人，他们虽然积累了一定的粉丝量，但是近期更新不够频繁，这有可能导致账号被降权。所以活跃度也是考察指标之一。

（3）账号IP属性。

有的达人可能是靠几个蹭热点的爆款视频迅速积累起了粉丝，但是这些粉丝可能并无实在价值，因为这种达人没有建立自己的IP，没有人设和领域垂直度，自然无法在某一领域形成号召力，无法真实影响到某一个领域的消费群体。

（4）平均点赞量。

同上一条类似，一时靠蹭热点或运气形成的爆款视频，并不足以证明一个账号生产视频内容的整体水平。但如果一个达人的视频平均点赞量超过 1 万，则表明这个达人的内容质量相对稳定。

品牌主考察完自身青睐的达人数据后，还要考量一下达人与自身品牌的契合度。这体现在两方面：

一是领域契合度。一般来说，颜值类达人、歌舞类达人、情景剧类达人胜在百搭；垂直细分领域的达人则胜在专业领域的号召力，比如萌宠达人、健身达人、汽车达人等。

二是调性契合度。指达人的调性与品牌本身或品牌此次投放的活动调性是否匹配。比如品牌本身是主打二线以下城市的休闲品牌，那么选一个特别精专的达人就不是很合适。

二、达人 + 达人 + 创意 = 无限

抖音平台的个性化推荐机制及竖屏信息流沉浸式用户体验，使其自然产生了“流量杠杆效应”，即达人发布的内容不局限于其粉丝看到，而是能通过创意的加持，产生更强的作用。我们可以通过创意 +UGC 的方式，让品牌主的品牌和更多的用户展开互动、铺开声量，如果达人的内容是简单易模仿的，那么很多用户就会愿意跟进，从而形成“达人 + 达人 +

@绮哥carol

我才不要做你的甜心宝贝，我要做夺你命的鬼#狠味情话

▲ 用抖音扫码即可播放视频

▲ 抖音号“井哥哥 ice”#WEY 进球了话题视频截图

创意 = 无限”的效果。

也就是说，你找几个达人进行合作，其内容是能击穿圈层、辐射到更广人群、实现流量聚合的。

除了选择达人进行创意 +UGC 产品投放外，品牌主还可选择热门话题产品。热门话题具有如下利于品牌宣传的特征：

（1）多 IP 联动覆盖人群广，魔性传播更具模仿爆点；

（2）抖音用户重度聚集区，开启流量“自来水”模式；

（3）非广告模式，内容原生聚合呈现，品牌自然表达。

比如，长城汽车先是在 2018 年世界杯期间，携手足球巨星 C 罗为品牌注入全新能量，发起话题“#WEY 进球了”，截至 2018 年 12 月该话题总播放量超过 337 万；随后在 10 月中旬，又利用合拍功能，邀请达人拍摄合拍视频示范，发起挑战赛“#wey 爱玩出色”，截至 2018 年 12 月该话题总播放量达 8.3 亿。

再比如“水果侠主题乐园”的抖音营销，邀请了 8 位抖音达人合作，发起并参与话题“#被玩坏的魔性神曲水果侠”。投放期间，该话题排在了“热门话题”第2位，其中一位达人创作的水果侠音乐片段排在了“热门音乐”第4位。

此外，品牌主还可以采用找MCN机构代运营抖音号的方式，来实现快速增粉。

截至2018年10月，头条易已经服务了多家抖音投放品牌主。好的品质源自头条易对头条系产品基因的把握及对抖音流量机制的深入理解。

▲ 用抖音扫码即可播放视频

头条易首创了“流量杠杆模型”方法论，由视频制作精英组成创意团队，对视频质量和创意有着极高的追求。

▲ 头条易流量杠杆模型图

<table>
<tr><td>项目</td><td colspan="3">某电影宣传</td></tr>
<tr><td>拍摄地</td><td colspan="3">室内</td></tr>
<tr><td>着装要求</td><td colspan="3">幽默感</td></tr>
<tr><td>道具</td><td colspan="3">电影角色头盔、手办（模型玩偶）</td></tr>
<tr><td>视频时长</td><td colspan="3">30 秒</td></tr>
<tr><td>背景音乐</td><td colspan="3">待定</td></tr>
<tr><td>视频风格</td><td colspan="3">日常幽默</td></tr>
<tr><td>脚本解读</td><td colspan="3">以在室内介绍红人扮演的电影角色开头，展示该角色格斗和猎杀的特点，以此营造出酷炫感。
最终摘下面具，反转酷炫氛围，露出诙谐幽默的面孔。结尾用 1987 年该电影经典桥段，感慨角色“这也太丑了吧”。
（发布文案上体现上映信息。）</td></tr>
<tr><td>时间</td><td>画面</td><td>景别（参考）</td><td>拍摄手法</td></tr>
<tr><td>1'~5'</td><td>画外音：它们身高至少 2.5 米，平均体重 200 公斤，肌肉占比极高，平均寿命在 300 岁。
（红人扮演的电影角色在画面中出现。）</td><td>全景仰拍</td><td>镜头可移动或固定</td></tr>
</table>

5'~10'	画外音：它们在星际长途跋涉，哪怕穿越整个银河，也要找到值得一战的对手，与之近身对决。 （演员摆出准备对决的姿势。）	全景	镜头可移动或固定
10'~15'	画外音：但他们极度重视荣誉，一般不杀手无寸铁的人类、受重伤的人类、孕妇和小孩。 （演员双手抱拳。）	中景仰拍	镜头固定
15'~20'	画外音：这种让人又爱又恨、极为扭曲纠结的外星猎手被称为……	中景仰拍	镜头可移动或固定
20'~25'	摘下面具，露出喜感面孔，以鬼畜形式加强。	特写（摘下面具——可做慢镜头）+ 全景	固定
25'~30'	1987 版电影视频画面：他摘下面具，阿诺惊呼："这也太丑了吧？！" （也可采用画外音，吐槽："这也太丑了吧？！"）	资料：1987 版电影视频画面	固定

▲ 头条易抖音视频脚本示例

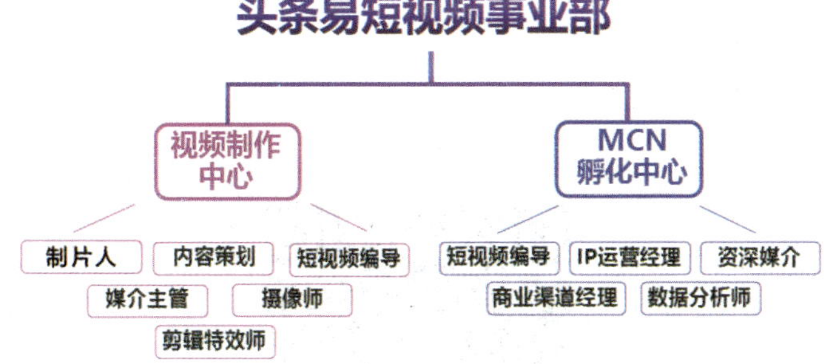

▲ 头条易短视频事业部组织架构图

头条易作为抖音短视频的 MCN 专业机构，拥有大量的自有达人和签约达人，也为品牌主提供了更多的选择。

头条易的微信公众号，每天更新关于今日头条和抖音的最新资讯和运营干货，已有数万自媒体从业者和企业新媒体运营者聚拢在这里。

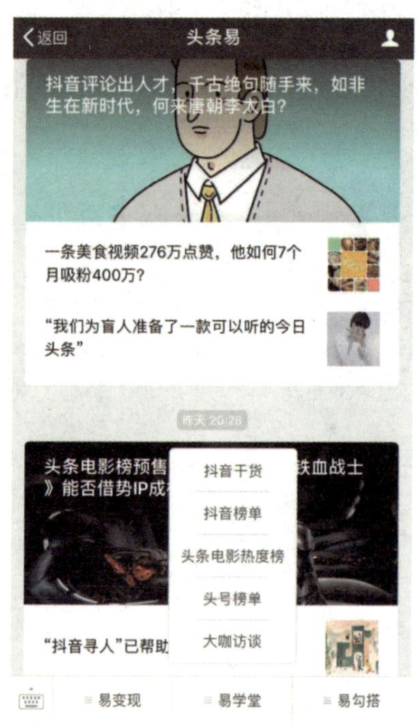

▲ 头条易公众号菜单栏

▲ 头条易二维码

第三节　品牌主如何巧用挑战赛为营销赋能

抖音全球月活跃用户破 5 亿，这一最新数据让人看到抖音在国内外市场保持高速增长的潜力。用户在哪儿，流量就在哪儿，随着抖音蓝 V 企业认证的正式开放，品牌主们意识到其中潜藏巨大流量的同时，也希望通过运营官方抖音账号来抓住这波红利。

对于品牌主来说，抖音蓝 V 企业认证号就相当于企业在抖音的阵地。它能够帮助企业传递业务信息，与用户建立互动。

挑战赛是抖音上聚集流量的一种常用玩法，打开抖音发现页面可以看到前边加“#”的挑战赛（品牌与抖音官方合作）或话题（企业抖音号自行发起）。大部分挑战赛都有由达人或明星表演的示范视频，这些视频带动 UGC 跟风，不断在话题下汇聚其他优质视频，形成流量聚集。

作为品牌主，该如何巧用挑战赛为营销赋能呢？

▲ 抖音发现页

一、借势热门挑战赛标签

首先让我们来看一组榜单，这些抖音企业号之所以能上榜，是因为他们会在发布视频时借势热门挑战赛标签扩大品牌影响力，让更多抖音上的用户注意和了解到，从而达到吸粉获赞的目的。

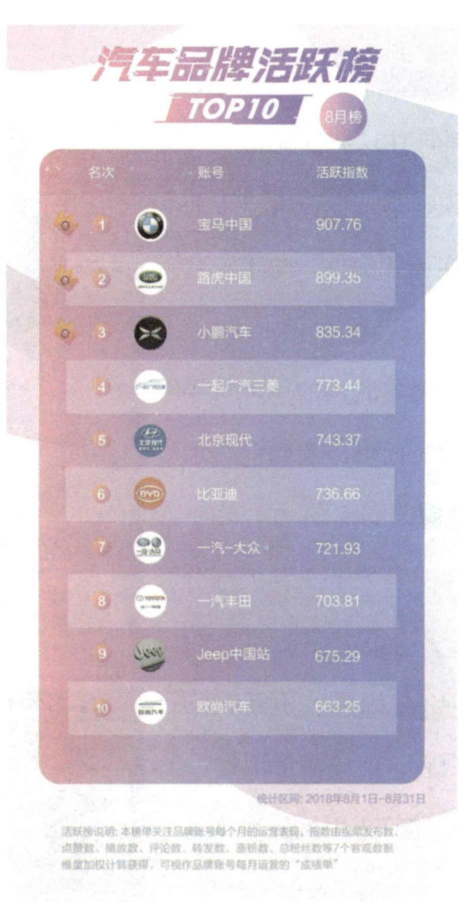

▲ 2018 年 8 月“抖音企业蓝 V 排行榜”之“汽车品牌活跃榜 TOP 10”

抖音官方发布的2018年8月“抖音企业蓝V排行榜”，重点关注了手机、汽车、食品饮料、化妆护理、服饰品牌五大行业，希望通过客观数据为品牌主带来新的思考视角。

在单月榜中，汽车行业账号大盘共获得播放量累计超过4.5亿次，累计点赞数达到336.6万，累计评论数达到52719条。“路虎中国”“北京现代”和“Jeep中国站”发布作品数量分别为35个、33个、31个，其中“路虎中国”的35个作品累计播放超过1.7亿次。而“宝马中国”也表现优异，8月的25个作品平均播放量达到628.2万次。“小鹏汽车”则获得本月“最受用户喜爱奖”，其发布的16个作品累计获赞76.5万。

上榜品牌主能取得这样的好成绩，秘诀之一是他们对热门官方挑战赛标签的借势。

“宝骏汽车”利用“#真的刚刚好”挑战赛标签，将背景音乐换成自制的原生《宝骏360真的刚刚好》，将产品卖点巧妙植入歌词中，画面则是高度契合宝骏logo的动漫马男形象配合BGM起舞。该挑战赛属于“行为变BGM不变”的网状式内容引爆，吸引用户通过使用相同音乐进行UGC创作参与，BGM的特点是节奏感强、多次重复，适合消费决策成本高、营销目的侧重品牌传播的企业。

@宝骏汽车
#真的刚刚好

▲ 用抖音扫码即可播放视频

@小鹏汽车

#你能穿的我也能穿 体验自动驾驶穿越车群，5cm的车距坐在车里都要吓哭了！比过山车还刺激

▲ 用抖音扫码即可播放视频

小鹏汽车也参与过一些热门话题，比如热门挑战赛“# 你能穿的我也能穿”（抖音小助手发起的），并发布了一条体验自动驾驶穿越车群的视频，赚足了眼球。

除此外，“小鹏汽车”还借势总播放次数超 22 亿的热门挑战标签——# 躺下来就变美，发布了一条与突出公司企业文化相关的视频，获 130 万点赞，一时间吸引大量粉丝关注，成功将品牌影响力扩大，为营销赋能。

@小鹏汽车

#躺下来就变美 自从公司买了一款自吸型电梯后，我们工程师和程序员都是躺着上班了

▲ 用抖音扫码即可播放视频

二、主动发起挑战赛

以电商企业为例。截至 2018 年 11 月，苏宁易购共与抖音合作了 4 场超级挑战赛，包括春节 # 新年的我红到膨胀（4 亿播放量）、世界杯 # 球进了进了进了（8.2 亿次播放量）、#818 说出你的愿望吧（20 亿次播放量）、双 11# 舞动广场之巅（23.2 亿）等。

2018 年 2 月，在抖音还未经历春节井喷式增长之前，苏宁易购就敏锐

▲ # 新年的我红到膨胀超级挑战赛

▲ 用抖音扫码即可播放视频

地发现了抖音的增长潜力。结合自身春节膨胀红包活动，发起抖音主题挑战赛 # 新年的我红到膨胀。

苏宁易购携手杨洋、江疏影、动漫形象胡巴邀请粉丝挑战膨胀 battle，用户使用《膨胀吧红包》歌曲或“红到膨胀”道具，创作符合挑战赛主题的抖音视频，即有机会获奖。

其中《大大大红包》音乐在春节期间使用量超过 17 万，定制红包贴纸使用量超过 15 万。

明星 @ 江疏影发布的视频当时累计获得了 197.4 万点赞、2.8 万评论和 2.5 万分享。这场挑战赛也被抖音官方作为挑战赛经典案例，并在四月举行的抖音年度营销峰会上进行重点宣讲。

苏宁易购是最早借助互动贴纸做植入的品牌方之一。抖音提供的动态人脸识别技术能帮助品牌主展现理念和产品，有前景贴纸、背景贴纸等，让用户更加身临其境。2018 年一季度效果最好的正是苏宁易购的膨胀红包。

因为当时正好赶上春节，大家都会发

红包，使得定制红包贴纸的使用量在短期内实现暴涨。面部识别苏格拉宁贴纸、前景红包贴纸等采用了动态人脸识别和图象分割技术，都是效果出众的所见即所得方式。

▲ #818 说出你的愿望吧挑战赛

2018 年“818”期间，苏宁易购与抖音挑战赛合作进一步加深。为了在“818”期间给用户带来更多的新鲜感和体验感，双方一起打造了一场“818”狂欢盛宴。

8 月 16 日至 18 日期间，苏宁易购发起 #818 说出你的愿望吧挑战赛，让粉丝说出自己的发烧愿望，奖品则是冰箱、美味零食等。

具体玩法是使用“818”主题曲和贴纸，跳出“818”手势舞，说出你的苏宁易购“818”心愿，苏宁易购将选出锦鲤实现粉丝的愿望。

抖音达人方面，包括 @ 杨恒瑞、@ 开挂的猫儿歪、@ 小芋语、@ 吴佳煜、@ 猪猪侠等都有参与，通过 KOL 的示范和锦鲤玩法，引发用户的大规模参与和模仿。最终有超过 48 万用户参与，也让苏宁易购“818”深入人心。

@开挂的猫二歪
#818说出你的愿望吧 听说这个音乐可以召唤好吃的，苏宁叔叔，我都这么努力了，请给我超多的酸奶吧！@苏宁易购

▲ 用抖音扫码即可播放视频

▲ # 舞动广场之巅挑战赛

▲ 用抖音扫码即可播放视频

2018 年双十一期间，苏宁易购抖音挑战赛继续升级。# 舞动广场之巅结合“上网上街上苏宁”的品牌 slogan，与苏宁易购广场舞比赛形成线上线上双线联动，最大限度发挥品牌优势。

用户使用广场舞贴纸和指定音乐，跳出广场舞即可参与。低门槛和有趣的内容引发新一轮用户狂欢。本次抖音突破 23.2 亿次播放，远超同期挑战赛效果，实现了双十一期间的流量突围。

从苏宁易购的 4 场超级挑战赛能够看出，品牌方玩转挑战赛有三大策略驱动全民关注，包括事件（“818”“双 11”）、关键人物（江疏影、杨洋及多位达人）以及创意（热门话题）驱动。

需要强调的是，创意话题最好能承接品牌理念，并以低门槛的挑战方式激发用户模仿参与。

以汽车企业为例。汽车消费是仅次于买房的大宗消费，大多数消费者完成购买需要很长的周期，而目前抖音上爆火的奶茶、饰物、玩具等产品则以快消品为主。所以，对于汽车企业，该如何主动发起挑战赛，让产品与抖音短视频完美融合，从而做好营销呢？

（一）斯柯达柯米克——挑战赛 + 主题音乐 + 贴纸

▲ 抖音挑战赛 #follow 米 show 自己页面

这条“#Follow 米 Show 自己”的挑战赛，目前总播放次数已超过 44 亿。

▲《Follow Me》- 斯柯达柯米克 BGM 音乐

在《Follow Me》的专属 BGM 下，参与的用户纷纷发挥自己的想象力拍摄视频。

@露啦嘞

#follow米show自己 确认过眼神，你们帅气的露哥真身没错了！follow me~@斯柯达挑战SHOW自...

@Mr.three

#follow米show自己 感觉身体被掏空，直到遇上柯米克，跟我来一起去做酷的自己，跟随节奏跟着@斯柯达 一...

▲ 用抖音扫码即可播放视频

（二）哈弗 SUV——挑战赛 + 贴纸

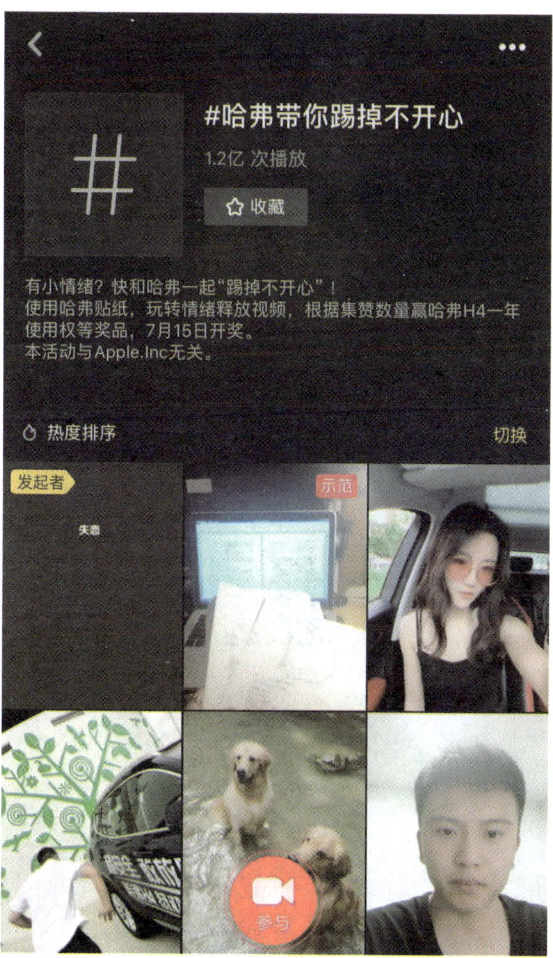

▲ 抖音挑战赛 # 哈弗带你踢掉不开心页面

哈弗 SUV 追世界杯的热点，发起了"# 哈弗带你踢掉不开心"的挑战赛，且准备了一款与世界杯球赛契合度很高的汽车贴纸。

▲ 用抖音扫码即可播放视频

（三）本田雅阁——挑战赛 + 贴纸

本田发起的“#‘阁’外有戏”挑战赛，也配上了雅阁专属贴纸，总播放次数超过 5.5 亿。

众多汽车品牌不断加大创新营销力度，在抖音上推出各种各样的活动，挑战赛成为各品牌的首选，“挑战赛 + 贴纸”的组合还能拉近品牌与用户的距离，加强互动。

挑战赛可以深层触达用户，获得互动与认同。利用短视频内容去影响活跃于抖音平台上的目标消费群体，而不是强行将广告内容直接推给用户。

▲ 抖音挑战赛 #“阁”外有戏页面

@牙尖

#"阁"外有戏 歌唱比赛打气

▲ 用抖音扫码即可播放视频

经过汽车领域垂直内容初步筛选后的受众，一旦对品牌价值形成良好认知，将为企业带来更多有效转化。

比如上述案例中提到的斯柯达，将“柯米克”与“Show 出自己与众不同”的态度进行了绑定，达到一提到“柯米克”就联想到个性和时尚的效果，用个性化的价值观博得了年轻人的认可；再如哈弗，将“哈弗 SUV”与“情绪释放”进行绑定，进行“拥有哈弗可以踢掉不开心”的心理暗示，实现品牌价值输出。

▲ 抖音挑战赛 # 溜溜梅扛酸全民挑战页面

抖音挑战赛很火，大家都知道，但到底火到什么程度？让我们跳出汽车圈，放眼全平台。在截至 2018 年 6 月 6 日 19:00 的数据中，“# 溜溜梅扛酸全民挑战”仅用短短 3 天的时间，就完成了 64.4 万人参与、375 万点赞、90 万评论的成绩，挑战赛视频 VV 数量达到 1.5 亿。截至 2018 年 11 月，该挑战赛播放次数已达 4.5 亿次。

▲ 抖音挑战赛 # 乐园还能这么玩页面

而截至 2018 年 10 月 26 日的抖音数据统计显示，大火的挑战赛——“# 乐园还能这么玩”已有超过 15 亿次的播放量。

经过近十年的发展，社会化营销的基本套路早已被品牌和广告公司深刻领悟。创意是营销中的永恒难题，近年来流量越来越贵，用户也越来越难获取。对于品牌而言，年轻化、社交化的平台选择非常重要，抖音的表现无疑让人眼前一亮。

“日刷抖音300条”产生了一大波流量红利，形成了一个巨大的流量“黑洞”。对于企业而言，越早介入就能越早享受平台高速发展带来的红利。

作为继微博、微信公众号之后新的企业营销平台，抖音将为品牌主带来新赛道上的新惊喜。而挑战赛，正是品牌主玩转抖音，在新赛道上实现弯道超车、创造创意营销佳绩的最佳途径。

第四节　抖音里的那些明星们

一、抖音里玩得溜的明星们

当下代古拉k、七舅脑爷、黑脸V等抖音社区的“一线”大咖星光熠熠，视频内容无论是一个笑容、一声问候、一个比心，都能在抖音2亿多日活跃用户的海洋里掀起浪花。反观部分在抖音上开设个人号的明星们却显得不那么抢眼了。有人说，圈层影响，推荐机制，让原本靠着作品慢慢积攒人气的明星失去了“优势”，外来的“和尚”也念不好抖音这本经，事实是否如此呢？其实不然。

将时间线拉回到2017年3月，音乐、潮酷是抖音当时的标签，内容的个性化限制了其领土的扩张，反响并不强烈。让其火箭般前进的加速器之一是岳云鹏在微博上转发的一条其模仿者的视频，视频下方，抖音logo闪闪发亮。

抖音慢慢浮出水面，早先沉淀打磨的优质个性化内容也被传播开来。抖音通过明星，向外敞开了大门。

而当时抖音依靠本地化的内容还是无法让挑剔的互联网用户走进门来，开渠引水这项任务依旧需要明星群体帮扶。2017年夏天，最火的综艺节目

▲ 岳云鹏的模仿者

《中国有嘻哈》带着抖音出现在了大众面前。每期都伴随着不下 5 次的抖音推广。节目的个性化、年轻化高度契合抖音社区的调性，这些动不动就情绪“暴走”的未来之星们，帮助抖音插上了腾飞的翅膀。明星微博引流，综艺节目冠名，让抖音快速走进了大众视野。尽管当时抖音粉丝众多，在圈层内闪闪发光，然而其开疆拓土，明星依旧是厥功至伟。

伴随着抖音商业化进程，平台里面隔三岔五就有明星进驻。这意味着围绕明星的粉丝大军们也会从抖音渠道了解偶像近况，况且还是以竖屏视频的形式，这种沉浸式体验是其他 App 无法替代的。抖音上的明星经过时间的沉淀，也慢慢摸索出了自己的抖音新人设，玩得溜的明星开始向顶端红人发起“攻势”，且势不可当。

二、晒宠女神周海媚

周海媚的粉丝都知道，她在今年 6 月份的时候开通了抖音号，爱吃美食、爱好萌宠、认真工作……抖音上的周海媚让人看到了她的另一面：

遇到好吃的美食，不顾形象一口吞，露出小女生满足的表情；厨艺高超，时不时露两手，教大家如何包广式粽子；不仅爱养宠物，外出时童心未泯，给土拨鼠投食，乐在其中；工作休息的间隙，调皮地用餐巾纸遮住镜头，毫无偶像包袱……

▲ 周海媚的抖音日常

此前，周海媚在抖音上发布了一条素颜逛超市的短视频，非常接地气。

在短视频中，周海媚穿着一件白色卫衣、戴着咖啡色框的眼镜，不管是拿着海苔还是酸奶等食物，整个过程都表现得非常可爱。

在视频中周海媚还戴上了一些可爱的道具，比如猫耳朵等，看来对抖音的玩法已经了如指掌。最重要的是尽管以纯素颜的状态出镜，但是女神看起来元气满满。

很多抖音粉丝惊呼周海媚少女感十足。一些评论如“真 Q 呀！天后”“有几个镜头我觉得是大学生，演技派女神”等都获得了高赞。

周海媚本人经常在抖音上发布一些与美食、萌宠、工作相关的内容，而且大多时候都是素颜出镜，可能是很多用户在抖音上看过的最敢拍生活日常的明星。还有粉丝表示，自从有了抖音后，感觉自己仿佛离明星更近了。

@周海媚

就问你给不给我买，哼😎😎#可爱颂 #双十一自救宝典 #都怪食物先动手 @抖音小助手

@周海媚

这年头，铲💩的不易做啊😂😂😂

▲ 用抖音扫码即可播放视频

据悉周海媚将在新版《倚天屠龙记》中饰演周芷若的师傅灭绝师太，预告片发布之后就被广大网友评为最美灭绝师太——与她对戏的演员估计会压力很大。

@周海媚

TA发了一个抖音短视频，快来围观，不好看算我输！

@周海媚

忙了一早上，这是第一口饭，饿坏啦

▲ 用抖音扫码即可播放视频

要知道很多女明星在过了一定年纪后就退出影视圈相夫教子，而周海媚依旧在奋斗，这种敬业精神非常值得钦佩。而且能贯穿两、三代人的记忆，本身就足以成为传奇。

周海媚还出任了北京市戒烟宣传大使，以自身的行动投入到公益事业中，为广大用户传播正能量。

三、“最抖音”的罗志祥

罗志祥作为2018年年中才进驻抖音的明星，第一支视频的点赞量近300万，能熟练使用转场、运镜等拍摄技巧，堪称明星中的抖音技术流典范。截至2018年9月，抖音视频发布52支，平均每周发布2～3支，可见他已将抖音平台作为日常运维的主阵地之一。

▲ 罗志祥账号

罗志祥作为极有综艺感的全能型艺人，唱歌、演戏、舞蹈样样突出，而且身具主持经验的他对新事物有快速适应的能力，抖音像是为他量身打造的社交平台。他那些耳熟能详的音乐都是节奏感特别强的舞曲；被冠以“亚洲舞王”称号的他，跳舞更不在话下；作为能活跃现场气氛的主咖，他也能放下偶像包袱，嘻哈搞怪，男女通杀；“朱碧石”的人设更是深入人心。在熟悉抖音社区调性之后，他每次输出的视频都非常适合“抖音土壤”，实现了快速吸粉。三个月不到的时间，粉丝已高达1370.7万。仅仅这52支视频，就收获了近5000万点赞。

▲ 用抖音扫码即可播放视频

他以“抖音热梗”来输出标签型内容为主、热点型内容为辅，内容形式包括对口型、舞蹈、剧情反转、参与话题等，同步使用抖音贴纸道具；而BGM多使用自己的说话原声以及个人歌曲，使粉丝对其印象深刻。其中，说到热点型内容必须提到的是罗志祥使用电视剧《延禧攻略》的对白作为BGM，模仿“尔晴”被“魏璎珞”扇巴掌拍摄了2支视频，引发网友争相进行“合拍”，截至2018年11月，2支视频合计点赞量高达370万。

四、“捧脸杀”迪丽热巴

如果说综艺感和抖音有着天然的亲近性，罗志祥占据了天时、地利的话，迪丽热巴则靠颜值这个利器俘获了抖音用户的心。初入抖音，迪丽热巴便以电视剧中的热门桥段开创了“捧脸”热潮。

作为 90 后“当红小花”，迪丽热巴可“呆萌”、可“戏精”的风格使她自带“抖音”体质；具有辨识度的超高颜值搭配精灵古怪的性格，深受年轻人的喜爱，并且“男女通吃”。迪丽热巴在 2018 年年初入驻抖音，善于使用原声、抖音贴纸进行卖萌和搞怪，与其人设高度吻合。

@Dear-迪丽热巴

#烈火宠溺捧脸杀 你捧我捧大家捧，捧捧更宠溺！烈火宠溺捧脸杀，快来玩~

@Dear-迪丽热巴

第一次录 很开心 秒过

▲ 用抖音扫码即可播放视频

电视剧《烈火如歌》中，男主托着女主的脸这一片段迅速在全网走红，迪丽热巴在抖音上将此片段生活化，因为主题突出、用户参与零门槛，迅速引发抖友跟风，#烈火宠溺捧脸杀话题播放次数高达3亿多次。

截至2018年9月，她共发布抖音视频10支，频率较低；但每支视频的点赞量平均在200万以上，其中点赞量在1000万以上的视频有3支。抖音账号总粉丝量4627.6万，获赞数高达7881万个！

除了以上明星之外，其他明星也都以不同的方式进驻抖音。抖音的新年红包AR贴纸，常驻明星包括李宇春、杨洋、周冬雨等都来给屏幕前的“抖音宝宝”们发红包，抖音沉浸式的体验优势再一次彰显无遗；佟丽娅、雷佳音随《超时空同居》同名挑战赛空降抖音，给影片票房一针有力的强心剂；

@雷佳音

#超时空情话挑战 今天，你心动了吗？5月18日，来电影院一起心动

@黄渤导演作品

黄渤与观众合唱#一出好戏 插曲《找朋友》，渤哥的嗓音太好听了吧！

▲ 用抖音扫码即可播放视频

黄渤带着他的处女作《一出好戏》来到抖音，携手超级网红办公室小野跨界宣传；大张伟以音乐人的身份带来抖音主题曲《不服来抖》，宣传搞怪两不误；王力宏为“龙的传人 2060”巡演，创作风靡抖音的《南京，南京》……明星们也在为了作品、为了粉丝、为了流量适应着互联网的瞬息万变，在流量为王的当下，无论是线上广告、线下商演，抖音都是推广营销的优质平台。可以预见，随着抖音的商业化与社交的发力，明星将越来越多地聚集于此。

@王力宏

《南京，南京》，我写了这首歌因为“龙的传人2060”即将来到南京跟你们见面，希望现场能唱给你们听

@办公室小野

椰耶椰耶椰！你椰要来一口吗？#来了老弟

▲ 用抖音扫码即可播放视频

五、企业如何借助抖音里的明星力量

企业借势明星的影响力引发更多的活动参与，同时与明星海量的粉丝共创品牌内容是目前企业借助抖音明星力量的最直接的做法。特别是“超级挑战赛”产品，借势明星，传播效果惊人。

“# 溜溜梅扛酸全民挑战”中，明星杨幂拍摄示范视频，还借用了其娃娃音的特点做了一个挑战赛原声，利用该声音进行创作的粉丝和用户，都是在无形中给品牌做了推广。仅仅是一个示范视频的明星出镜，溜溜梅

▲ 溜溜梅在抖音投放的挑战赛

▲ 溜溜梅在抖音投放的挑战赛

扛酸挑战赛就收到了亿级的曝光量，加上主题设定契合了抖音挑战赛简单易模仿的特点，跟进拍摄的人不在少数。溜溜梅线下的零食销售同期大幅度增长。随后溜溜梅在抖音上做了第二波投放——“#pk杨幂为溜溜梅代言”挑战赛，借势明星效应，又一次轻松获得亿级流量。

品牌玩抖音，类似这种借助明星代言的不在少数，如天猫邀请形象大使易烊千玺做其“6·18”的传播，小米借势《中国好声音》选手来传播自己的品牌理念，还在官抖输出开心麻花为其定制的品牌系列剧……

▲ 开心麻花为小米官抖制作系列剧

这些形式都是品牌邀请明星出镜官抖实现吸睛。实际上，明星利用自身抖音账号为品牌做代言，影响力也丝毫不逊色。这种情况下，品牌势必要在内容上做些妥协，如果广告太硬，不利于粉丝、普通用户接受明星的广告内容而做二次传播。比如罗志祥代言的轻颜相机，视频以幽默搞怪切入，自然带出相机功能，让大众易于接受，吸引了大批女用户的模仿，视频上线短短半月，就达到近亿级的流量。

总之，品牌在抖音上利用好明星资源的两个途径，主要区别在于渠道的选择。除此之外，抖音热搜榜日后想必也会成为兵家必争之地。热搜榜

@小米手机

对小爱同学说“来段BBOX”试试

▲ 小米官抖邀请《中国好声音》学员参与拍摄

@天猫

#易烊千玺

易烊千玺 易烊千玺跟你说早安，喜欢吗？

▲ 易烊千玺牵手天猫做“6 · 18”年中节宣传

@罗志祥

#轻颜相机 我真的是为了拍照，把助理都扔了

▲ 罗志祥为产品轻颜相机发起话题

上出现最多的字眼当属明星了，明星八卦、消息动态“一不小心”就会上热搜。从这个角度来说，企业官抖运营，多关注当下娱乐动态也是精准投放的必修课。

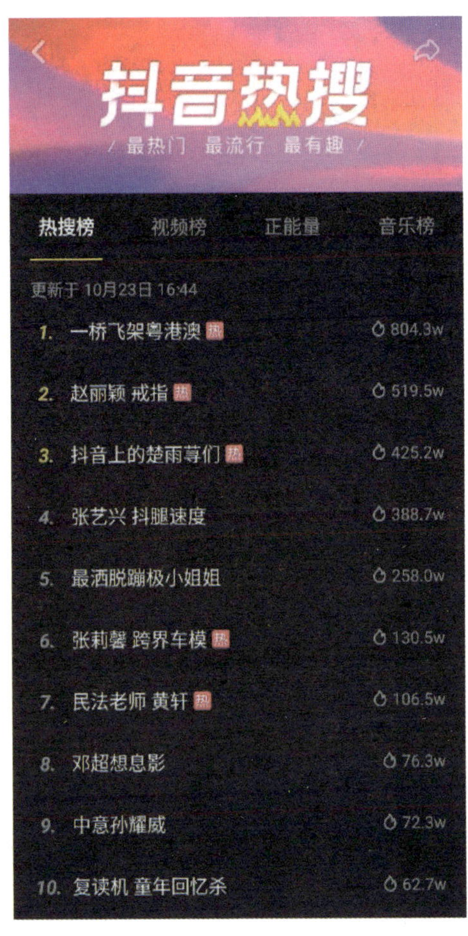

▲ 抖音热搜榜

第五节　你的阵容本该更强大

一、何为抖音号矩阵

2018 年 6 月 1 日，抖音短视频全面开放企业入驻通道，抖音企业号认证平台正式上线。凡是符合认证条件的企业主，均可通过申请抖音企业号，获得官方认证标识，并使用官方身份，通过视频、图片等内容输出形式在抖音上更好地探索品牌营销。因为官抖加 V 认证具有唯一性，可以被视作企业的品牌资产，如何将其保值、增值需要企业认真思索。

刷一刷抖音我们就会发现，在抖音企业号正式上线不到半年的时间内，由于业务线众多，很多企业已经或主动或被动地建立了自己的抖音号方阵。但是细细观察会发现，这些抖音号不少还处于无序状态，同时，彼此之间关联较弱，大而不强，更谈不上组成一个可以一致行动、多维发力的“抖音号矩阵”。

那么，什么是“抖音号矩阵”？

在我们看来，如果一家企业拥有的诸多抖音号可以做到功能拆解、流量互动、一致行动，就可以被视为一种“矩阵”。

功能拆解主要包含两方面内容，一是粉丝总量的拆解，二是品牌营销任务的拆解。粉丝总量是品牌在抖音上和用户对话的基数，是完成品牌建设、掀起营销声浪的根基，这一数据至关重要。但是不少企业在抖音运营一段时间后，会面临品牌主账号粉丝无法持续高增长的困境。这时，就可以尝试粉丝总量拆解，将资源投放到关联账号上。通过多个关联账号的粉丝量增长，多点突破，带动总量提升。

▲ “网易时尚”账号关注了同门的“网易娱乐”

品牌营销任务又该如何拆解？简单讲，就是让主账号走官宣体，其他账号根据自身定位来自由发挥，只要保证整体方向不迷失即可。

流量互动是一个账号矩阵的基础，简而言之，就是流量可以在矩阵内各账号间流动、循环，形成“1+1 > 2”的效果。如何流动？其实抖音在产品功能设计上，留下了流量互动的路径。最直接的方法是，让一家企业的账号相互“关注”、相互“点赞”。

如果企业账号 A 关注了账号 B，当用户进入 A 的账号界面时，可以通过界面上的“关注”键进入账号 B；如果企业账号 A 为账号 B 的某条视频内容点赞，用户也可以通过界面上的“喜欢”键进入账号 B 中的视频。当然，流量互动的实现路径还有很多，比如转发兄弟账号的视频、@兄弟账号、去兄弟账号下评论互动、参与兄弟账号发起的热门话题等。只有我们深刻理解抖音的本质是社区 + 社交，才能更好地实现各个账号的互联互动，在

▲ “美团外卖”的关注栏下聚集了大量关联账号，累加粉丝量已经超过主账号

▲ “美团外卖”关联账号示例

▲ “百度搜索”账号关注了自己的兄弟账号“百度地图”

各账号间编织一个蜘蛛网一样的“矩阵”。

接着来说一致行动。企业既然有了庞大的抖音号队伍，除了日常运营外，在关乎企业和品牌的关键节点，各账号就需要统一战略、分配战术，多批次、多维度地在一个时间段集中火力，以求获得更强的爆发力。一致行动本质上检验的是企业内部各条线的组织、动员、协调能力，考验的是企业总部对社会化媒体架构、策略规划的深刻认识。

二、如何排兵布阵

这个问题分为两个层面：一是日常运营中如何对旗下各账号进行定位，排兵布阵，二是进入关键节点后怎么进行集团军作战。

先说第一个层面。一般来说，可以在产品线、企业员工、垂直内容三个维度上布局抖音账号。应该有针对单个产品线的抖音号，比如账号“美的洗碗机”“蒙牛纯甄”就属于这类性质；“小米员工日常”“阿里巴巴橙色天空”这类则是典型的员工维度；有意识布局垂直内容的目前比较少，阿里云的“程序员鼓励师”、钉钉的“管真宽同学”，都是基于自身定位深耕程序员文化。相比前两类，这类抖音号在矩阵内潜伏深、内容垂直、用户接受度高，在一些关键节点容易发挥奇兵的效果。

▲ 截至 2018 年 10 月“阿里云栖大会”话题页总播放量 3624.6 万

接着说第二个层面，在关键节点如何进行集团军作战？这里面就涉及两个问题，一是组织动员，在短时间内有效动员企业各条线的抖音号，考验企业内部的协调能力；二是如果可以进行大范围动员，如何有效布阵？

我们可以拿一个案例来说明，比如 2018 年 9 月份的“阿里云栖大会”。

首先，矩阵作战要有一个阵地，这个阵地在 PC 时代是“专题页”，在抖音上就是“热门话题”。话题可以使用自有账号免费发起。

发起话题后，需要进行兵力投入。多数由企业发起的话题卡在了这个环节，旗下各条线账号无法做到对活动、事件的深度响应，更无力协调外部账号呼应。但阿里系的组织动员能力很强，“阿里云栖大会”话题下，参与的账号包括但不限于：阿里巴巴、上云就上阿里云、程序员鼓励师、阿里云设计中心、阿里信息平台、菜鸟、钉钉、斑马智行、盒马先生、天猫精灵、阿里通信 + 各家媒体账号。在没有任何抖音红人参与的情况下，话题播放量达到 3624.6 万次，数据非常可观。

从内容上看，打法各有不同，整体是立足于账号自身调性，对主任务进行诠释、拆解。作为集团账号的“阿里巴巴”发布了马云现场演讲的视频，

▲ 云栖大会期间，矩阵账号从不同维度发布了短视频

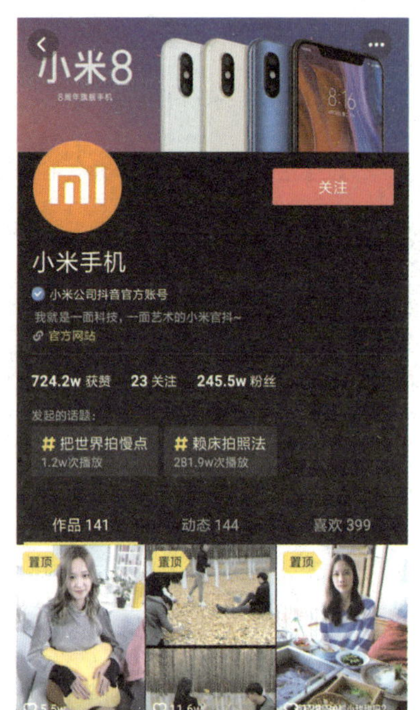

▲ “小米手机”和裂变出的小号“小米员工的日常”一直在互相关注

主打马云官宣的风格，收获 1.9 万点赞；“上云就上阿里云”发布了未来智能餐厅视频，收获 58.9 万点赞；“程序员鼓励师”发布了 4 条现场跳舞、段子视频，并 @ 了阿里系其他账号，共收获 21 万点赞；“钉钉”则发布了 M2 人脸考勤机……基于这种账号矩阵动员的组织能力，可以说播放数据和关注度想低都难。通过云栖大会可以看到，抖音号矩阵使得阿里可以从社会化媒体架构、策略规划的高度深挖护城河，确保自己在抖音上有足够的牌可以打。

本质上，企业在抖音上的账号是一笔无形资产，是企业今后在抖音进行日常运营的支点，可以帮助企业更好地倾听和沟通，是凝聚品牌粉丝的重要阵地。对于大多数企业而言，单个抖音账号无法承载所有的使命，如何在日常运营中对既有账号进行更为清晰的拆解，进而裂变出子账号，是构建账号矩阵、形成战斗力的核心。

以小米为例，早期“小米手机”账号尝试了多种风格，从最早的 TVC 广告再剪辑，到中期的员工出镜演绎抖音梗，再到今天手机摄影的垂直内容，账号定位不断调整，更加清晰。在这一过程中，TVC 再剪辑的路线被彻底放弃，员工日常板块单独裂变出小号“小米员工的日常”，可以说在有意无意中已经走上了构建自身抖音号矩阵之路。

相比一个官抖号单打独斗，矩阵打法是一种营销升级，不仅是量变，更是质变。本质上，账号矩阵是企业在抖音平台发起营销战役、公关战役的高段位玩法。能否构建起自己的抖音矩阵，既是检验企业在抖音平台影响力的重要标志，也是品牌资产保值、增值的重要体现。

头条易是专注于今日头条全域营销的智能投放平台，致力于为流量主和品牌主提供全方位服务，平台已入驻头条号超过 5 万个。同时，头条易深拓抖音商业化创意和原生内容营销服务，是短视频 MCN 专业机构，拥有完善的短视频团队配置、专业的策划制作能力、丰富的 IP 孵化经验和客户服务经验。截至 2018 年 12 月，头条易孵化签约 IP 已超过 50 个，总粉丝量超过 5000 万，总点赞量超过 2 亿。

头条易，头条全域营销专家。

▲ 头条易二维码